SV

Band 106 der Bibliothek Suhrkamp

Gershom Scholem

Judaica 1

Suhrkamp Verlag

Sechste Auflage 1997

Druck: Nomos Verlagsgesellschaft, Baden-Baden
Printed in Germany

Inhalt

7 Zum Verständnis der messianischen Idee im Judentum
75 Das Davidschild
119 Die Theologie des Sabbatianismus im Lichte Abraham Cardosos
147 Wissenschaft vom Judentum einst und jetzt
165 Martin Bubers Deutung des Chassidismus
207 An einem denkwürdigen Tage
216 Die 36 verborgenen Gerechten in der jüdischen Tradition
226 Zur Neuauflage des »Stern der Erlösung«
236 Drucknachweise

Zum Verständnis der messianischen Idee im Judentum

I

Eine Erörterung des messianischen Problemkomplexes betrifft einen delikaten Bereich. Ist es doch hier, daß der essentielle Konflikt zwischen Judentum und Christentum sich entscheidend entwickelt hat und fortbesteht. Es wird für unsere Erörterungen, wenn sie sich auch nicht auf diesen Konflikt beziehen, sondern innerjüdische Perspektiven des Messianismus betreffen, doch von Bedeutung sein, uns den Zentralpunkt dieses Konfliktes zu vergegenwärtigen. Es ist ein völlig anderer Begriff von Erlösung, der die Haltung zum Messianismus im Judentum und Christentum bestimmt, und gerade, was dem einen als Ruhmestitel seines Verständnisses, als positive Errungenschaft seiner Botschaft erscheint, wird vom anderen am entschiedensten abgewertet und bestritten. Das Judentum hat, in allen seinen Formen und Gestaltungen, stets an einem Begriff von Erlösung festgehalten, der sie als einen Vorgang auffaßte, welcher sich in der Öffentlichkeit vollzieht, auf dem Schauplatz der Geschichte und im Medium der Gemeinschaft, kurz, der sich entscheidend in der Welt des Sichtbaren vollzieht und ohne solche Erscheinung im Sichtbaren nicht gedacht werden kann. Demgegenüber steht im Christentum eine Auffassung, welche die Erlösung als einen Vorgang im geistigen Bereich und im Unsichtbaren ergreift, der sich in der Seele, in der Welt jedes einzelnen, abspielt, und der eine geheime Verwandlung bewirkt, der nichts Äußeres in der Welt entsprechen muß. Selbst die *civitas dei* des Augustin, die unter den Bedingungen der christlichen Dogmatik am weitgehendsten versucht hat, die jüdischen Kategorien der Erlösung im Interesse der Kirche zugleich beizubehalten und umzudeuten, ist eine Gemeinschaft der auf unbegreifliche Weise Erlösten innerhalb einer unerlösten Welt. Was dem einen unabdingbar am Ende der Geschichte und in derem äußersten Blickpunkt stand, stand dem anderen vielmehr im wahren Zentrum des historischen, freilich als »Heilsgeschichte« nunmehr sonderbar aufmontierten Prozesses. War die Kirche davon überzeugt, mit dieser Auffassung der Erlösung einen äußerlichen, ja ans Materielle gebundenen Begriff überwunden und ihm einen neuen Begriff von höherer Dignität gegenübergestellt zu haben, so war es gerade diese Überzeugung, die von jeher dem Judentum als alles andere als ein Fortschritt erschien. Die Umdeutung der prophetischen Verheißungen der Bibel auf einen Bereich der Innerlichkeit, von dem alles an diesen Verkündigungen soweit abzuliegen schien wie möglich, erschien den religiösen Denkern des Judentums stets als eine illegitime Vorwegnahme von etwas, das in bestem Falle als die Innenseite eines sich entscheidend im Äußeren vollziehenden Vorgangs in Erscheinung treten konnte, nie aber ohne diesen Vorgang selbst. Was dem Christen als tiefere Auffassung eines Äußerlichen erschien, das erschien dem

Juden als dessen Liquidation und als eine Flucht, die sich der Bewährung des messianischen Anspruchs innerhalb seiner realsten Kategorien unter Bemühung einer nicht existierenden reinen Innerlichkeit zu entziehen suchte.

Innerhalb dieses Rahmens eines niemals aufgegebenen Anspruchs auf Erfüllung der messianischen Idee in ihrer ursprünglichen Vision hat sich die Geschichte dieser Idee im Judentum abgespielt. Die Erwägungen, die ich im folgenden vorlegen will, betreffen die besonderen Spannungen in der messianischen Idee und ihrer Auffassung im rabbinischen Judentum. Sie vollziehen sich innerhalb einer festen Tradition, um deren Verständnis es hier geht, aber auch wo das nicht ausdrücklich gesagt wird, steht oft genug ein polemischer Seitenblick oder eine, wenn auch verhohlene Auseinandersetzung mit den Ansprüchen des christlichen Messianismus. Einige der Dinge, die ich hier in Kürze resümieren will, verstehen sich von selbst und sind kaum Gegenstand gelehrter Kontroversen, aber von anderen dürfte dies keineswegs gesagt werden können, und soviel auch über die Geschichte des Messianismus verhandelt worden ist, ist hier Platz für eine schärfere Analyse dessen, was die spezifische Lebendigkeit dieses Phänomens in der Religionsgeschichte des Judentums ausmacht. Ich will hierbei nicht mit historischen und mythologischen Analysen der Entstehung des messianischen Glaubens in den biblischen Texten oder in der Religionsgeschichte überhaupt konkurrieren, wie sie von ausgezeichneten Gelehrten wie Josef Klausner, Willi Staerk, Hugo Greßmann, Sigmund

Mowinckel und vielen anderen angestellt worden sind [1]. Nicht das Werden der messianischen Idee bildet den Gegenstand dieser Ausführungen, sondern die verschiedenen Perspektiven, unter denen sie nach ihrer Kristallisierung im historischen Judentum wirksam geworden ist. Dabei muß betont werden, daß in der Geschichte des Judentums diese Wirkung sich fast ausschließlich unter den Bedingungen des Exils als einer primären Realität des jüdischen Lebens und der jüdischen Geschichte abgespielt hat, und diese Realität verleiht einer jeden unter den verschiedenen Auffassungen, von denen wir hier zu reden haben werden, ihre besondere Farbe.

Im rabbinischen Judentum als einem sozial-religiösen Phänomen sind, gerade wo es sich am lebendigsten darstellt, drei Arten von Kräften wirksam: konservative, restaurative und utopische Kräfte. Die konservativen Kräfte gehen aus auf die Erhaltung des Bestehenden, das in der historischen Umwelt des Judentums ja stets gefährdet war. Es sind dies die am stärksten sichtbaren, sogleich ins Auge fallenden Kräfte, die in diesem Judentum wirken. Sie haben sich am nachhaltigsten in der Welt der Halacha, beim Aufbau und der fort-

1 Vergl. Joseph Klausner, The Messianic Idea in Israel from its beginning to the completion of the Mishnah, New York 1955; Hugo Greßmann, Der Messias, Göttingen 1929; Lorenz Dürr, Ursprung und Ausbau der israelitisch-jüdischen Heilandserwartung, Berlin 1925; Willi Staerk, Die Erlösererwartung in den östlichen Religionen, Stuttgart 1938; Sigmund Mowinckel, He That Cometh, The Messianic Concept in the Old Testament and Later Judaism, Oxford 1956.

dauernden Bewahrung und Entwicklung des Religionsgesetzes ausgewirkt. Dies Gesetz bestimmte die Lebenshaltung des Juden im Exil, den Rahmen, innerhalb dessen ein Leben im Licht der Offenbarung vom Sinai allein möglich schien, und es ist kein Wunder, daß es vor allem die konservativen Kräfte auf sich zog. Die restaurativen Kräfte sind solche, die auf Zurückführung und Wiederherstellung eines vergangenen, nunmehr als ideal empfundenen Zustands gerichtet sind, genauer gesagt, auf einen Zustand, wie er sich in der historischen Phantasie und dem Gedächtnis der Nation als ein Zustand idealer Vergangenheit darstellt. Hier ist die Hoffnung nach rückwärts gerichtet, auf die Wiederherstellung eines ursprünglichen Standes der Dinge und auf ein »Leben mit den Vätern«. Dazu treten aber als Drittes vorwärtstreibende und erneuernde Kräfte, die von einer Vision der Zukunft genährt sind und unter utopischer Inspiration stehen. Sie gehen auf einen Stand der Dinge aus, der noch nie da war. Im Wirkungsfeld dieser Kräfte erscheint das Problem des Messianismus im historischen Judentum. Freilich, die konservativen Tendenzen, so groß und geradezu entscheidend ihr Anteil und ihre Bedeutung für das Bestehen der religiösen Gesellschaft des Judentums war, haben an der Ausbildung des Messianismus innerhalb dieser Gesellschaft keinen Anteil. Wohl aber die beiden anderen Tendenzen, die ich als Restauration und Utopie charakterisieren würde. Beide Tendenzen sind tief ineinander verschlungen und doch zugleich gegensätzlicher Natur, und nur aus beiden heraus kristallisiert sich die messianische Idee. Nie fehlen sie ganz in den historischen und ideologischen Erscheinungen des Messianismus. Wohl aber ist die Proportion zwischen ihnen den stärksten Schwankungen ausgesetzt. In verschiedenen Gruppen der jüdischen Gesellschaft liegt der Akzent an ganz verschiedenen Einsatzstellen solcher Kräfte und Tendenzen. Nie hat es hier im Judentum ein harmonisches Ausgewogensein zwischen dem restaurativen und dem utopischen Moment gegeben. Manchmal erscheint die eine Tendenz unter maximaler Betonung, während die andere auf ein Minimum reduziert wird, aber niemals finden wir einen »reinen Fall« der ausschließlichen Auswirkung oder Kristallisation der einen dieser Tendenzen. Der Grund hierfür ist klar: auch das Restaurative hat utopische Momente und in der Utopie werden restaurative Momente wirksam. Die restaurative Tendenz selber, auch wo sie sich als solche versteht – wie etwa bei Moses ben Maimon, auf dessen Darlegungen über die messianische Idee ich noch ausführlicher zu sprechen komme – wird in nicht geringem Maße von utopischen Momenten genährt, die nunmehr als Projektion auf die Vergangenheit anstelle von Projektionen auf die Zukunft erscheinen. Auch hierfür ist der Grund klar. Es gibt einen gemeinsamen Grund der messianischen Hoffnung. Die Utopie, die dem Juden jener Epoche die Vision eines Ideals vor Augen stellt, wie er es verwirklicht sehen möchte, zerfällt selber auf natürliche Weise in zwei Kategorien. Sie kann die radikale Form der Vision eines neuen Inhalts annehmen, der von einer Zukunft realisiert werden soll, die doch im Grunde nichts sein soll als die Wiederherstellung des Uralten, die Wiederbringung des Verlorengegangenen. Dieser ideale Inhalt des Vergangenen liefert zugleich die Grundlage für die Vision der Zukunft. Aber in solche restaurativ ausgerichtete Utopie schleichen sich bewußt oder unbewußt Elemente ein, die gar nichts Restauratives an sich haben, und die sich aus der Vision eines ganz neuen, messianisch zu verwirklichenden Standes der Welt herschreiben. Das ganz Neue hat Elemente des ganz Alten, aber auch dieses Alte selber ist gar nicht das realiter Vergangene, sondern ein vom Traum Verklärtes und Verwandeltes, auf das der Strahl der Utopie gefallen ist [1]. So sind hier in der dialektisch verschlungenen Spannung zwischen den utopischen und restaurativen Momenten tiefe Spannungen auch in den Gestaltungen des Messianismus im rabbinisch kristallisierten Judentum gegeben – geschweige denn in den Interiorisationen dieser Momente, wie sie sich etwa in der jüdischen Mystik vollzogen haben. Einige

1 Für den Begriff des Utopischen in den folgenden Ausführungen sei vor allem auf die Analysen dieser Kategorie verwiesen, die Ernst Bloch in seinen beiden Werken Geist der Utopie, München 1918, und Das Prinzip Hoffnung, Berlin 1954/59, gegeben hat. Auch wer vielen Darlegungen Blochs mit großen Reservationen gegenübersteht, wird die Energie und den Tiefblick rühmen müssen, mit der diese Erörterung des Utopischen bei ihm angefaßt und durchgeführt wird. Die elaborate marxistische Montage seines zweiten Werkes steht in schlechtverhohlenem Widerstreit zu der mystischen Inspiration, der Blochs beste Einsichten im wesentlichen verpflichtet sind und die er durch einen wahren Dschungel marxistischer Rhapsodien nicht ohne Mut hindurchgerettet hat.

Hauptformungen dieser Gestaltungen sollen hier entwickelt werden, die uns zugleich über die hier zum Ausdruck gelangenden Spannungen ins Reine setzen werden.

2

In seiner Erscheinung als lebendiger Macht in der Welt des Judentums, und gerade auch in der des mittelalterlichen Judentums, das so ganz in die Welt der Halacha versponnen scheint, tritt der messianische Gedanke stets in engster Verbindung mit Apokalyptik auf. Die messianische Idee bildet dabei gleicherweise einen Inhalt des religiösen Glaubens überhaupt wie auch eine lebendige, akute Erwartung. Die Apokalyptik erscheint dabei als die notwendig sich bildende Gestalt des akuten Messianismus.

Es versteht sich von selbst und bedarf im Zusammenhang dieser Erörterungen wohl keiner Begründung, daß die messianische Idee nicht nur als Offenbarung eines abstrakten Satzes von der Hoffnung der Menschheit auf Erlösung entstanden ist, sondern in jeweils sehr bestimmten historischen Zusammenhängen. Die Weissagungen oder Botschaften der biblischen Propheten kommen ebensosehr aus Offenbarung wie aus der Not und Verzweiflung derer, an die sie sich richten, und sind aus Situationen heraus gesprochen und haben ihre Wirkung immer wieder in Situationen bewährt, in denen das Ende als unmittelbar bevorstehend, als etwa über Nacht jäh hereinbrechend empfunden wurde. Freilich liegt hier in den Weissagungen der Propheten noch keinerlei in sich geschlossene Auffassung des Messianismus vor, sondern wir haben es mit einer Vielfalt verschiedener Motive zu tun, wobei das überaus stark betonte utopische Moment, die Vision von einer besseren Menschheit am Ende der Tage, mit restaurativen Momenten, wie der Wiederherstellung eines als ideal gedachten davidischen Reiches, durchsetzt ist. Diese messianische Botschaft der Propheten betrifft den Menschen als Ganzes und entwirft Bilder von den Vorgängen in der Natur und in der Geschichte, durch die Gott spricht, in denen sich das Ende der Tage ankündigt oder realisiert. Nie betreffen diese Visionen den einzelnen als solchen, nie auch erheben diese Verkündigungen einen Anspruch auf irgendein besonderes, »geheimes« Wissen, das sich etwa auf einen nicht jedermann wahrnehmbaren inneren Bereich bezöge. Demgegenüber liegt in den Worten der Apokalyptiker schon eine Verschiebung der Anschauung vom Inhalt der Prophetie vor. Diesen anonymen Autoren von Schriften wie dem biblischen Buche Daniel, den zwei Henoch-Büchern, dem vierten Buch Esra, den Baruch-Apokalypsen oder den Testamenten der zwölf Patriarchen – um nur einige Dokumente dieser einmal offenbar überreich geflossenen Literatur zu nennen – liefern die Worte der alten Propheten schon einen Rahmen, auf den sie sich beziehen und den sie auf ihre Weise ausgestalten und erfüllen.

Hier zeigt Gott nun dem Seher nicht mehr einzelne Momente des historischen Geschehens oder eine Vision von dessen Ende allein, sondern er sieht vielmehr die ganze Geschichte vom Anfang bis zum Ende, unter besonderer Betonung des Heraufkommens jenes neuen Äons, der sich in den messianischen Ereignissen durchsetzt und manifestiert. So wird schon für den Pharisäer Josephus Adam, der erste Mensch, zu einem Propheten, der nicht nur die Wasserflut zu Noahs Zeiten, sondern auch die Feuerflut am Weltende, und damit offenbar die gesamte Historie in seiner Vision umfaßt[1]. Und ganz ähnlich hat es die talmudische Agada gesehen. Gott zeigt dem Adam, aber auch dem Abraham oder dem Moses alles Vergangene und alles Künftige, den gegenwärtigen und den kommenden Äon[2]. Auch der endzeitliche Priester (priesterliche Messias) des Habakuk-Kommentares der Sektierer vom Toten Meer wird imstande sein, die Visionen der alten Propheten über den Gesamtverlauf der Geschichte Israels in allen ihren nun voll sichtbar werdenden Zügen zu deuten. Bei dieser Ausdeutung der Visionen der alten Propheten oder auch der neuen Apokalyptiker selber gehen Motive zeitgeschichtlicher Natur, die sich auf die gegenwärtigen Verhältnisse und Nöte beziehen, eng verschlungen mit solchen endgeschichtlicher, eschatologischer Natur, in denen nicht nur die Erfahrungen der Gegenwart wirksam werden, sondern oft genug alte mythische Bilder mit utopischem Inhalt erfüllt werden. Hierbei werden, wie den Erforschern der Apokalyptik von jeher mit Recht auf-

1 Flavius Josephus, Altertümer I, 70.

2 *Midrasch Tanchuma,* Abschnitt *Mass'e,* § 4; *Midrasch Breschith Rabba,* ed. Theodor S. 445.

gefallen ist, die alten Prophetien von der neuen Eschatologie an einem entscheidenden Punkte überschritten. Die Worte Hoseas, Amos' oder Jesajas kennen nur eine Welt, in der auch die großen Ereignisse der Endzeit sich abspielen und ihre Eschatologie ist nationaler Natur. Sie spricht von der Wiederaufrichtung der verfallenen Hütte Davids, von der künftigen Glorie eines zu Gott zurückgekehrten Israel ebenso wie von dem ewigen Frieden und der Hinwendung aller Völker zu dem einen Gotte Israels, der Abwendung von den heidnischen Kulten und Bildern. Demgegenüber kam in der Apokalyptik die Lehre von den zwei Äonen auf, die einander folgen und die in antithetischem Verhältnis zueinander stehen: diese Welt und die künftige Welt, die Herrschaft der Finsternis und die des Lichtes. Die nationale Antithese zwischen Israel und den Heiden wird zu einer kosmischen Antithese erweitert, in der die Bereiche des Heiligen und der Sünde, der Reinheit und der Unreinheit, des Lebens und des Todes, des Lichtes und der Finsternis, Gottes und der widergöttlichen Mächte gegenüberstehen. Zu dem nationalen Inhalt der Eschatologie tritt ein weiter kosmischer Hintergrund, auf dem sich der Endkampf zwischen Israel und den Heiden abspielt, und damit kommen die Vorstellungen von der Auferstehung der Toten, von Lohn und Strafe im Jüngsten Gericht, von Paradies und Hölle hoch, in denen neben die Verheißungen und Drohungen an die Nation die einer individuellen Vergeltung in der Endzeit treten. All dies sind Vorstellungen, die sich nun aufs engste mit den alten Prophetien verbinden; deren

Worte, die in ihrem ursprünglichen Zusammenhang so klar und unverstellt erscheinen, werden von nun an selber zu Rätselworten, Allegorien und Mysterien, die in apokalyptischer Homiletik oder eigener apokalyptischer Vision gedeutet, um nicht zu sagen dechiffriert werden. Und damit ist der Rahmen gegeben, in dem die messianische Idee nun ihre historische Wirkung beginnt.

Dazu kommt aber ein weiteres Moment. Apokalypsen sind, wie der Sinn des griechischen Wortes anzeigt, Offenbarungen oder Enthüllungen des bei Gott verborgenen Wissens über das Ende. Das heißt: Was den alten Propheten als ein Wissen zukam, das gar nicht laut und öffentlich genug verkündet werden konnte, wird in den Apokalypsen zum Geheimnis. Es gehört zu den Rätseln der jüdischen Religionsgeschichte, die von keinem der vielen Erklärungsversuche befriedigend beantwortet worden sind, was eigentlich der wahre Grund dieser Metamorphose ist, die das Wissen um das messianische Ende, wo es den prophetischen Rahmen der biblischen Texte überschreitet, zum esoterischen Wissen macht. Warum versteckt sich der Apokalyptiker anstatt wie die Propheten selber der feindlichen Macht seine Vision ins Gesicht zu schreien? Warum lädt er die Verantwortung für seine unheilschwangeren Gesichte den Heroen des biblischen Altertums auf und warum gönnt er sie nur den Auserwählten oder Eingeweihten? Ist es Politik? Ist es ein verändertes Bewußtsein von der Konstitution dieses Wissens? Es liegt etwas Beunruhigendes in dieser Transzendierung des Prophetischen, das zugleich die Einschränkung seines Wirkungsbereichs mit sich bringt. Es kann kein Zufall sein, daß fast ein Jahrtausend lang sich dieser Charakter des apokalyptischen Wissens auch bei den Erben der alten Apokalyptiker im rabbinischen Judentum erhalten hat. Es tritt bei ihnen an die Seite des gnostischen Wissens von der Merkaba, der Thronwelt Gottes und ihren Mysterien, von der ja auch nur, so sprengend dieses Wissen in sich selber war, im Flüsterton berichtet werden konnte. Nicht umsonst enthalten die Schriften der Merkaba-Mystiker im Judentum auch immer apokalyptische Kapitel[1]. Je stärker der Realitätsverlust der historischen Welt des Judentums in den Stürmen des Untergangs des zweiten Tempels und der antiken Welt, desto intensiver wird das Bewußtsein vom Chiffre-Charakter und dem Mysterium der messianischen Botschaft, die doch stets gerade auch die Wiederherstellung jener verlorenen Realität betraf, so wenig sie sich auch in ihr erschöpfte.

Auf eine fast natürliche Weise ordnen sich in der messianischen Apokalyptik die alten Verheißungen und Traditionen und die neuen Motive, Deutungen und Umdeutungen, die an ihre Seite treten, unter den zwei Aspekten, die die messianische Idee von nun an für das jüdische Bewußtsein annimmt und behält. Diese zwei Aspekte, die im Grunde schon in den Worten der Propheten selber angelegt und mehr oder weniger sichtbar sind, betreffen die katastrophale und

1 Vergl. mein Buch, Die jüdische Mystik in ihren Hauptströmungen, Zürich 1957, S. 78.

destruktive Natur der Erlösung einerseits und die Utopie vom Inhalt des verwirklichten Messianismus andererseits. Der jüdische Messianismus ist in seinem Ursprung und Wesen, und das kann gar nicht stark genug betont werden, eine Katastrophentheorie. Diese Theorie betont das revolutionäre, umstürzlerische Element im Übergang von jeder historischen Gegenwart zur messianischen Zukunft. Dieser Übergang selber wird zum Problem, indem das eigentlich Übergangslose an ihm gern hervorgehoben und unterstrichen wird, und zwar schon in den Worten der alten Propheten, eines Amos und Jesaja. Der Tag des Herrn, von dem Jesaja (etwa in Kap. 2 und 4) spricht, ist ein Tag der Katastrophe und wird in Visionen beschrieben, die diese Katastrophalität aufs schärfste unterstreichen. Wie jener Tag des Herrn, an dem die bisherige Geschichte zu Ende geht, an dem die Welt bis in ihre Fundamente erschüttert wird, sich zu jenem (am Anfang des gleichen Kapitels Jesaja verheißenen) »Ende der Tage« verhält, an dem das Haus des Herrn aufgerichtet sein wird auf dem Gipfel der Berge und die Völker zu ihm strömen, darüber erfahren wir nichts.

Die Elemente des Katastrophalen und die Untergangsvisionen legen sich in der messianischen Vision merkwürdig auseinander. Sie werden einerseits auf den Übergang oder Untergang bezogen, in dem die messianische Erlösung geboren wird – daher schreibt sich der jüdische Begriff der »Geburtswehen des Messias« für diese Periode – andererseits aber auf die Schrecken des Jüngsten Gerichtes, das in vielen dieser

Schilderungen die messianische Zeit abschließt, statt ihr Heraufkommen zu begleiten. Und so verdoppelt sich auch oft für den Blick des Apokalyptikers die messianische Utopie. Der neue Äon und die Tage des Messias sind nicht mehr eins (wie noch in manchen Schriften dieser Literatur), sondern betreffen zwei Perioden, von denen die eine, die Herrschaft des Messias, eigentlich noch dieser Welt zugehört, die andere aber schon ganz und gar dem neuen Äon, der mit dem Jüngsten Gericht einbricht. Aber diese Verdoppelung der Stadien der Erlösung ist mehr ein Ergebnis gelehrter Exegese, die jede Aussage der Bibel harmonistisch an ihre Stelle zu setzen sucht, als das einer ursprünglichen Vision, in der Katastrophe und Utopie nicht zweimal aufeinander folgen, sondern gerade in ihrer Einmaligkeit die beiden Seiten des messianischen Geschehens in voller Kraft zur Geltung bringen.

Bevor ich aber diesen beiden Seiten der messianischen Idee, wie sie die messianische Apokalyptik charakterisieren, einige Betrachtungen widme, muß ich ein Wort voranschicken, das der Berichtigung einer weit verbreiteten Vorstellung gilt. Ich meine die bei jüdischen und christlichen Forschern gleicherweise beliebte Entstellung der historischen Verhältnisse, die in der Ableugnung der Kontinuität der apokalyptischen Tradition im rabbinischen Judentum liegt. Diese Entstellung hat begreifliche geistesgeschichtliche Gründe, die bei den christlichen Forschern ebensosehr einem antijüdischen Interesse entsprangen wie bei den jüdischen Gelehrten einem antichristlichen. Den Tendenzen der einen Partei entsprach es, das Judentum nur als Vorhalle des Christentums anzusehen und es, nachdem es das Christentum aus sich entlassen hatte, als ein gleichsam abgestorbenes Element zu betrachten. Dem entsprach dann die Vorstellung von einer echten Kontinuität des Messianismus über die Apokalyptiker in die neue Welt des Christentums. Aber auch die andere Partei, die großen jüdischen Forscher des 19. und beginnenden 20. Jahrhunderts, die das populäre Bild vom Judentum weitgehend bestimmt haben, zahlten ihren Tribut an ihre Vorurteile. Aus ihrem Begriff eines geläuterten und rationalen Judentums heraus konnten sie nur mit Beifall den Versuch begleiten, die Apokalyptik aus dem Bereich des Judentums auszuschalten oder zu liquidieren. Ohne Bedauern überließen sie den Anspruch auf apokalyptische Kontinuität einem Christentum, das dadurch in ihren Augen keineswegs gewann. Den Preis für diese Vorurteile beider Lager zahlte die historische Wahrheit. Versuche, die Apokalyptik aus dem Bereich des rabbinischen Judentums völlig auszuschalten, haben seit dem Mittelalter nicht gefehlt, und wir werden im Verfolg dieser Darlegungen uns sogar mit dem folgenreichsten dieser Versuche, dem des Maimonides, befassen. Solche Versuche stellen eine Tendenz unter anderen, ganz anders gerichteten Tendenzen dar, die in der Geschichte des Judentums wirksam gewesen sind. Als Wahrheit über die historische Realität des Judentums können sie keine Geltung beanspruchen. Ging doch diese Verleugnung der Apokalyptik gerade auf die Unterdrückung überaus lebendiger, von historischer Dynamik erfüllter Elemente in der Welt des Judentums, in denen freilich aufbauende und destruktive Kräfte ineinander verschränkt erscheinen. Die Vorstellung, als ob alle apokalyptischen Strömungen der vorchristlichen Zeit ins Christentum gemündet und dort ihren eigentlichen Platz gefunden hätten, ist eine Fiktion, die vor tieferer historischer Einsicht nicht bestehen kann. Gleich hinter der Periode, aus der die bekannten Apokalypsen vor allem des ersten vor- und nachchristlichen Jahrhunderts stammen, ergießt sich innerhalb der jüdisch-rabbinischen Tradition ein unvermindert intensiver Strom von Apokalyptik, die sich teils in der talmudischen und agadischen Literatur niedergeschlagen hat, teils in eigenen hebräisch und aramäisch erhaltenen Schriften ihren Ausdruck gefunden hat. Von einer Diskontinuität zwischen jenen alten Apokalypsen, deren hebräische Originale bisher verloren und nur durch Übersetzungen und Bearbeitungen der christlichen Kirchen erhalten sind, und diesen späteren kann keine Rede sein. Und wenn man zweifeln kann, welchen jüdischen Kreisen diese, den pseudepigraphischen Charakter als Literaturform bewahrenden selbständigen Schriften eigentlich angehören – nichts in ihnen steht mit der rabbinischen Geisteswelt im Widerspruch, wenn auch nichts sie dort näher zu lokalisieren gestattet – so bleibt gar kein Zweifel an der Einwanderung der apokalyptischen Tradition in das Lehrhaus und die Gedankenwelt der Schriftgelehrten. Hier wurde die Anonymität wieder abgeschüttelt, das geheimnisvolle Flüstern wird zum offenen Gedankenaustausch und zum Lehrvortrag, ja zum pointierten Epigramm, dessen Autoren mit ihren oft wohlbekannten Namen für ihre Worte einstehen. Die Bedeutung dieser beiden Quellen rabbinischer Apokalyptik für das Verständnis des in der Welt der Halacha lebendigen Messianismus kann nicht hoch genug eingeschätzt werden.

Ich sprach von der Katastrophalität der Erlösung als einem entscheidenden Moment jeder solchen Apokalyptik, an dessen Seite dann die Utopie vom Inhalt der realisierten Erlösung tritt. Das apokalyptische Denken enthält immer das Element des Grauens und des Trostes ineinander verschlungen. Das Grauen und die Not des Endes bilden ein Element des Schocks und des Schockierenden, das zur Extravaganz anreizt. Die Schrecken der realen historischen Erfahrungen des jüdischen Volkes verbinden sich mit Bildern aus mythischem Erbe oder mythischer Phantasie. Mit besonderer Wucht kommt das bei der Ausbildung der Vorstellung von den Geburtswehen des Messias, das heißt hier der messianischen Zeit, zum Ausdruck. Die Paradoxie dieser Vorstellung besteht darin, daß die Erlösung, die hier geboren wird, gar nicht in irgendeinem kausalen Sinn eine Folge aus der vorangegangenen Historie ist. Es ist ja gerade die Übergangslosigkeit zwischen der Historie und der Erlösung, die bei den Propheten und Apokalyptikern stets betont wird. Die Bibel und die Apokalyptiker kennen keinen Fortschritt in der Geschichte zur Erlösung hin. Die Erlösung ist kein Ergebnis innerweltlicher Entwicklungen, wie etwa in den modernen abendländischen Umdeutungen des Messianismus seit der Aufklärung, wo noch in seiner Säkularisierung im Fortschrittsglauben der Messianismus eine ungebrochene und ungeheure Macht beweist. Sie ist vielmehr ein Einbruch der Transzendenz in die Geschichte, ein Einbruch, in dem die Geschichte selber zugrunde geht, in diesem Untergang sich freilich wandelnd, weil von einem Licht betroffen, das von ganz woanders her in sie strahlt. Die Konstruktionen der Geschichte, in denen (zum Unterschied von den Propheten der Bibel) der Apokalyptiker schwelgt, haben nichts mit modernen Vorstellungen von Entwicklung oder Fortschritt zu tun, und wenn es etwas gibt, was die Historie im Sinne dieser Seher verdient, so kann es nur ihr Untergang sein. Von jeher liegt den Apokalyptikern die pessimistische Weltbetrachtung am Herzen. Ihr Optimismus, ihre Hoffnung richtet sich nicht auf das, was die Geschichte gebären wird, sondern auf das, was in ihrem Untergange hochkommt, nun endlich unverstellt frei wird.

Freilich, das »Licht des Messias«, das so wunderbar in die Welt scheinen soll, wird nicht immer als ein ganz plötzlich einbrechendes gesehen, sondern mag in Stufen und Stadien sichtbar werden, aber diese Stufen und Stadien haben nichts mit denen der vorangegangenen Geschichte zu tun. »Es wird von Rabbi Chija und Rabbi Simon erzählt, daß sie bei der Morgendämmerung im Tale von Arbela wanderten und die Morgenröte heraufbrechen sahen. Da sagte Rabbi Chija: So ist Israels Erlösung auch; zuerst wird sie nur ganz wenig sichtbar, dann strahlt sie stärker auf und erst nachher bricht sie in voller Macht hervor [1].« Solche Meinung war bei den apokalyptischen Rechnern zu allen Zeiten weit verbreitet, wenn sie Schemata suchten, nach denen verschiedene Stadien der Erlösung im Rahmen der Endzeit sich vollziehen. Aber das apokalyptische Rechnen, das sich auf Zahlen und Konstellationen stützte, spricht nur eine Seite dieser Ansicht aus, und nicht umsonst wurde es immer wieder, wenn auch ziemlich erfolglos, von vielen Lehrern verworfen. Ihm gegenüber steht mit nicht minderer Macht das Gefühl von der Unberechenbarkeit der messianischen Zeit. Zugespitzt hat es seinen Ausdruck in den Worten eines talmudischen Lehrers des 3. Jahrhunderts gefunden: »Drei kommen unversehens: der Messias, ein Fund und ein Skorpion [2].« Und in noch schärferer Hervorhebung des jederzeit möglichen Endes, der Gottesunmittelbarkeit jeden Tages: »Wenn Israel auch nur einen Tag Buße täte, so würden sie sofort erlöst werden, und es käme sofort der Sohn Davids, denn es heißt (Psalm 95 : 7) *heute noch,* wenn Ihr meine Stimme hört.«

In solchen Worten tritt neben die Vorstellung von der Spontaneität der Erlösung auch die Idee, die in vielen moralischen Sentenzen der talmudischen Literatur ihren Ausdruck findet, daß es Taten gibt, die gleichsam die Erlösung herbeibringen helfen, die ihr sozusagen Geburtshilfe leisten. Wer dies und das tut (wer etwa, was er gehört hat, im Namen seiner Quelle

1 *Midrasch Schir ha-Schirim Rabba,* VI, 10.
2 *Sanhedrin,* 97a.

weitergibt), »der bringt Erlösung in die Welt«. Aber hier handelt es sich dann nicht um eine wirkliche Kausalität, sondern schon um einen festen Rahmen für zugespitzte sentenziöse Formulierungen, bei denen weniger an die messianische Erlösung als an den moralischen Wert der so empfohlenen Handlungen gedacht wird. Und Sätze dieser Art stehen denn auch ganz außerhalb des apokalyptischen Denkens. In ihnen kündigt sich ein Moralismus an, der späteren Umdeutungen des Messianismus im Sinne einer vernünftig-besonnenen Utopie willkommen sein mußte. Im Grunde aber kann der Messias nicht vorbereitet werden. Er kommt plötzlich, unangemeldet und gerade wenn man ihn am wenigsten erwartet oder gar die Hoffnung längst aufgegeben hat.

Dieses tiefe Gefühl von der Unberechenbarkeit der messianischen Zeit hat in der messianischen Agada die Idee von der Verborgenheit des Messias hervorgebracht, der irgendwo schon immer da ist und den eine tiefsinnige Legende nicht umsonst am Tage der Tempelzerstörung geboren sein läßt. Vom Moment der tiefsten Katastrophe an gibt es die Chance der Erlösung. »Israel spricht vor Gott: wann wirst Du uns erlösen? Er antwortet: wenn Ihr auf die unterste Stufe gesunken seid, in der Stunde erlöse ich Euch [1].« Dieser ständig gegenwärtigen Chance entspricht die Vorstellung des in der Verborgenheit ständig wartenden Messias, die viele Formen angenommen hat, freilich keine großartigere als jene, welche in einer maß-

1 *Midrasch Tehillim* zu Psalm 45:3.

losen Antizipation den Messias unter die Aussätzigen und Bettler an den Toren Roms, in die ewige Stadt versetzt hat [1]. Diese wahrhaft gewaltige »rabbinische Fabel« stammt aus dem 2. Jahrhundert, lange bevor dieses Rom, das gerade den Tempel zerstört und Israel ins Exil gejagt hatte, nun selber der Sitz des Vikars Christi und der mit dem Anspruch messianischer Erfüllung herrschaftlich auftretenden Kirche wurde. Diese symbolische Antithese des am Tore von Rom sitzenden wahren Messias und des dort herrschenden Haupts der Christenheit begleitet die jüdische Messiologie durch die Jahrhunderte. Und mehr als einmal erfahren wir, daß Aspiranten auf die Messias-Würde nach Rom gepilgert sind, um an der Brücke vor der Engelsburg sitzend, dies symbolische Ritual zu vollziehen.

3

Diese Katastrophalität, ohne die der Apokalyptiker die Erlösung nicht denken kann, wird in all diesen Texten und Traditionen in grellen Bildern beschrieben. Sie äußert sich in allem, in Weltkriegen und Revolutionen, in Epidemien, Hungersnot und Wirtschaftskatastrophen, aber genau so im Abfall von Gott und der Entweihung seines Namens, in der Vergessenheit der Tora und der Umkehrung aller sittlichen Ordnung, ja der Auflösung der Naturgesetze

1 *Sanhedrin*, 98a.

selber [1]. Sogar in einen so nüchtern verhaltenen Text wie die Mischna, die erste kanonische Kodifikation der Halacha, sind solche apokalyptischen Paradoxe von der Endkatastrophe aufgenommen worden. »An den Fußspuren des Messias [das heißt in der Periode seiner Ankunft] wird Frechheit wachsen und Achtung schwinden. Die Regierung wendet sich der Häresie zu und es gibt keine moralische Ermahnung mehr. Das Versammlungshaus wird zum Hurenhaus werden, Galiläa wird verwüstet und die Bewohner der Grenzen werden von Stadt zu Stadt wandern, ohne Mitleid zu finden. Die Weisheit der Schriftgelehrten wird stinkend werden, und die Sünde scheuen, werden verachtet sein. Die Wahrheit wird keine Stätte haben, Knaben werden Greise beschämen und Greise werden vor Knaben aufstehen. Der Sohn wird den Vater verächtlich machen und die Tochter sich gegen ihre Mutter auflehnen, die Feinde eines Menschen werden seine eigenen Hausgenossen sein. Das Gesicht des Zeitalters wird dem Gesicht eines Hundes gleichen [das heißt Schamlosigkeit wird herrschen]. Auf wen anders sollten wir uns verlassen als auf unseren Vater im Himmel [2].« Die Seiten des Talmud-Traktates Sanhedrin, die über die messianische Zeit handeln, sind voll der extravagantesten Formulierungen dieser Art, die sich zu dem Worte zuspitzen, der Messias komme nur in einem Zeitalter, das entweder ganz

1 Vergl. die übersichtliche Zusammenstellung des einschlägigen Materials bei Strack-Billerbeck, Kommentar zum Neuen Testament aus Talmud und Midrasch, IV, S. 977/986.

2 Ende des Mischna-Traktates *Sota*.

rein oder ganz schuldig und verworfen ist. Kein Wunder, daß in solchem Zusammenhang der Talmud von drei berühmten Lehrern des 3. und 4. Jahrhunderts das kalte Wort anführt: »Mag er kommen, aber ich will ihn nicht sehen [1].«
Wenn solcher Art die Erlösung nicht ohne Grauen und Untergang zu realisieren ist, kann ihr positiver Aspekt nur mit allen Akzenten der Utopie versehen sein. Diese Utopie bemächtigt sich aller rückwärts gewandten restaurativen Hoffnungen und schlägt den Bogen von der Wiederherstellung Israels und des davidischen Reiches als eines Reiches Gottes auf Erden bis zur Wiederherstellung des paradiesischen Standes, wie ihn schon manche alte Midraschim, vor allem aber das Denken der jüdischen Mystiker, visieren, für die die Analogie von Urzeit und Endzeit lebendige Wirklichkeit besitzt. Aber sie tut mehr als das. Denn schon in der messianischen Utopie Jesajas ist jene Endzeit unendlich reicher gedacht als jeder Anfang. Der Stand der Welt, in dem die Erde voll von der Erkenntnis Gottes sein wird, wie Wasser die Erde bedecken (Jes. 11:9), wiederholt nicht etwas einmal Dagewesenes, sondern holt etwas Neues herauf. Und noch die Welt des *Tikkun,* der Wiederherstellung des harmonischen Standes der Welt, die in der lurianischen Kabbala die messianische Welt ist, enthält ein strikt utopisches Moment, indem jene Harmonie, die sie wiederherstellt, gar nicht einem wirklich je vorhandenen, sogar paradiesischem Stand der Dinge entspricht, sondern

1 *Sanhedrin* 98a.

höchstens einem in der göttlichen Schöpfungsidee allein enthaltenen Plan, der aber schon auf den ersten Stufen seiner Verwirklichung auf jene Störung und Hemmung des Weltprozesses stieß, die als »Bruch der Gefäße« am Anfang des lurianischen Mythos steht. In Wirklichkeit realisiert daher die Endzeit einen höheren, reicheren und erfüllteren Stand als die Urzeit, und ihre Konzeption bleibt auch bei den Kabbalisten dem Utopischen verschworen. Die Inhalte dieser Utopie variieren in den verschiedenen Kreisen. Der Entwurf einer erneuerten Menschheit und des erneuerten Reiches Davids oder des Davidsohnes, der das prophetische Erbe der messianischen Utopie darstellt, verbindet sich bei Apokalyptikern und Mystikern oft genug mit dem eines erneuerten Standes der Natur, ja des Kosmos überhaupt. Das Hilflose und Extravagante an solcher Utopie, die den Inhalt der Erlösung zu bestimmen unternimmt, ohne sie realiter schon erlebt zu haben, unterwirft sie zwar dem wilden Wuchern der Phantasie, behält aber immer jenes Ergreifend-Lebendige, dem keine historische Realität Genüge tun kann und das in Zeiten des Dunkels und der Verfolgung der stückhaften, armseligen Realität, die dem Juden zugänglich war, die erfüllten Bilder eines Ganzen entgegensetzt. So enthalten die Bilder des neuen Jerusalem, das den Apokalyptikern vorschwebte, immer mehr als je an dem alten war, und die Erneuerung der Welt ist eben mehr als ihre Restauration.

Hierbei drängte sich nun schon für die talmudischen Lehrer die Frage auf, ob man »auf das Ende hindrängen«, das heißt es durch eigene Aktivität herbeizwingen dürfe. Hier zeigt sich eine tiefe Zwiespältigkeit der Haltung zum Messianismus. Nicht immer lag der Traum neben der Entschlossenheit, etwas für seine Verwirklichung zu tun. Im Gegenteil: es gehört zu den wichtigsten Momenten des Messianismus, daß für das Bewußtsein der weitesten Kreise hier ein Abgrund lag. Und das ist kein Wunder, denn gerade in den biblischen Texten, an denen die messianische Idee sich kristallisiert hat, ist sie nirgends von menschlicher Aktivität abhängig gemacht. Weder der Tag des Herrn bei Amos noch die Zukunftsvisionen Jesajas vom Ende der Tage sind kausal auf solche Aktivität bezogen. Auch die alten Apokalyptiker, die die Geheimnisse des Endes zu enthüllen unternahmen, wissen nichts davon. Es ist wirklich alles hier auf Gott gestellt, und dies verleiht dem Gegensatz von jetzt und dereinst gerade seine besondere Note. Die dem Revolutionär und »Bedränger des Endes«, wie der jüdische Terminus lautet, von jeher so anstößigen Warnungen vor menschlicher Handlung, die sich vermißt, die Erlösung zu bringen, sind nicht ohne Legitimität, sind keineswegs nur Zeichen der Schwäche und vielleicht der Feigheit (obwohl sie das manchmal auch sind). »Rabbi Chelbo sagte über den Vers Hohelied 2, 7: Ich beschwöre Euch Töchter Jerusalems, weckt sie nicht auf, erregt die Liebe nicht, bis es ihr gefällt. Vier Schwüre sind hier enthalten: daß die Kinder Israel sich nicht gegen die Weltreiche [die profanen Mächte] empören, daß sie nicht das Ende bedrängen, daß sie ihr Mysterium nicht den Völkern der Welt enthüllen und daß sie nicht alle wie eine Mauer [in großen Massen] aus dem Exil hinaufziehen sollen. Wenn dem aber so ist, warum kommt der König Messias? Eben um die Verbannten Israels einzusammeln.« So lesen wir in dem alten Midrasch zum Hohenlied [1]. Aber auch den Autor des vierten Buches Esra ermahnt der Engel: »Du wirst doch nicht mehr eilen wollen als der Schöpfer.« Dies ist die Haltung der Sprecher des Messianismus im Judentum, die alles noch auf ungebrochenes Gottvertrauen stellte. Sie entspricht und entspringt jener Vorstellung von der wesentlichen Beziehungslosigkeit zwischen der menschlichen Geschichte und der Erlösung. Aber es ist verständlich, daß solche Haltung immer wieder in Gefahr stand, von der apokalyptischen Gewißheit, daß das Ende angebrochen sei und nur noch den Ruf zur Sammlung verlange, überrannt zu werden. Und immer wieder bricht in den messianischen Aktionen einzelner oder ganzer Bewegungen die revolutionäre Meinung durch, daß diese Haltung verdient, überrannt zu werden. Das ist der messianische Aktivismus, in dem die Utopie nun zum Hebel wird, das messianische Reich aufzurichten. Man darf vielleicht die Frage, die hier die Gemüter teilte, schärfer pointieren. Sie lautet dann: kann der Mensch seine eigene Zukunft bewältigen? Und die Antwort des Apokalyptikers lautete hier: nein. Aber dieser Projektion des Besten im Menschen auf seine Zukunft, wie sie gerade der jüdische Messianismus in seinen utopi-

1 *Schir ha-Schirim Rabba*, II, 7 (vergl. *Kethubboth* 110 a).

schen Elementen so gewaltig herausstellte, wohnt die Verführung zur Aktion, der Aufruf zum Vollzuge, inne.

Und es ist kein Wunder, daß jenseits der Verwerfungen und Reservationen der Theologen das historische Gedächtnis und die mythische Legende zugleich die Erinnerung an die messianischen Wagnisse des Bar Kochba oder des Sabbatai Zwi aufbewahrt hat, die in der Geschichte des Judentums Epoche gemacht haben. Ja, in der Legende von dem Rabbi Josef de la Reyna, die sich lange großer Popularität erfreut hat[1], ist die Verführung zur messianischen Aktion eines einzelnen, die scheitern muß, weil keiner solcher Aktion gewachsen ist, in der Beschreibung des Unternehmens eines großen Lehrers in Israel geschildert und auf die Spitze getrieben. Denn hier ist die Erlösung nur noch auf das Durchstoßen eines letzten Hindernisses konzentriert, das von Magie bewältigt werden soll und eben darin scheitern muß. Die Legende von dem großen Magier und Kabbalisten, der Sammael, den Teufel, fesselt und damit die Erlösung bringen könnte, wenn er ihm dabei nicht selber verfallen wäre, ist eine großartige Allegorie auf alle solche »Bedrängung des Endes«. An solchen Josef de

1 Diese Legende, die merkwürdigerweise in M. J. Bin Gorions Born Judas fehlt, ist als kleines Volksbuch oft gedruckt worden, vergl. auch meinen Aufsatz darüber in dem hebräischen Sammelbuch *Zion*, Band V, Jerusalem 1933, S. 124/130, sowie S. Rubaschow, Die Legende von Rabbi Josef de la Reyna in der sabbatianischen Überlieferung (Hebräisch), in dem Sammelbuch *Eder Jakar*, Tel-Aviv 1947, S. 97/118.

la Reynas hat es in der jüdischen Wirklichkeit nie gefehlt, gleich ob sie nun anonym geblieben sind, in irgendeinem Winkel des Exils versteckt, oder unter Preisgabe ihrer Identität und Übersteigerung ihrer eigenen Magie in die Weltgeschichte gesprungen sind.

Dieser messianische Aktivismus liegt übrigens in jener merkwürdigen Doppellinie der gegenseitigen Beeinflussung von Judentum und Christentum, die mit inneren Entwicklungstendenzen beider Religionen Hand in Hand geht. Der politische und chiliastische Messianismus bedeutender religiöser Bewegungen innerhalb des Christentums erscheint oft als eine Widerspiegelung eines eigentlich jüdischen Messianismus. Es ist bekannt, mit welchem Nachdruck solche Tendenzen von ihren orthodoxen Gegnern im Katholizismus und Protestantismus gleicherweise als judaisierende Ketzereien verschrien wurden, und zweifellos ist rein phänomenologisch gesehen etwas an diesen Vorwürfen wahr, wenn auch in der historischen Wirklichkeit diese Tendenzen doch zugleich spontan aus den Versuchen hochkommen, den Messianismus ernst zu nehmen, aus einem Gefühl des Ungenügens an einem Reich Gottes, das nicht unter uns, sondern in uns liegen sollte. Je mehr der christliche Messianismus – um mit einem bedeutenden protestantischen Theologen zu sprechen, der mit dieser Formulierung zweifellos etwas höchst Positives formuliert zu haben glaubte [1] – als »diese wundersame Gewißheit reiner Innerlich-

[1] Karl Bornhausen, Der Erlöser, Leipzig 1927, S. 74.

keit« auftrat, desto stärker mußte sich das Ungenügen hieran auf die jüdische Vision zurückverwiesen finden. Immer wieder bezieht denn auch solch chiliastischer und revolutionärer Messianismus, wie er etwa bei den Taboriten, den Wiedertäufern oder dem radikalen Flügel der Puritaner auftaucht, seine Inspiration entscheidend vom Alten Testament und nicht aus christlichen Quellen. Freilich, gerade die christliche Überzeugung von dem schon eingetretenen Anbruch der Erlösung verleiht diesem Aktivismus einen besonderen Ernst und seine besondere Vehemenz und damit ihre weltgeschichtliche Bedeutung. Im jüdischen Bereich, aus dem er doch entstammt, bleibt dieser Aktivismus, gerade im Bewußtsein der radikalen Differenz zwischen der unerlösten Welt der Historie und der der messianischen Erlösung, wie oben dargelegt wurde, singulär und seltsam kraftlos. Dieser Linie, auf der das Judentum dem Christentum immer wieder den politischen und chiliastischen Messianismus abgegeben hat, steht die andere gegenüber, auf der das Christentum ans Judentum seinerseits die Tendenz vererbt oder doch in ihm erregt hat, einen mystischen Aspekt der Interiorisation der messianischen Idee zu entdecken. Dieser Aspekt kommt freilich ebensosehr auch aus der inneren Bewegung und der Entwicklung der Mystik im Judentum selber, der die messianisch verheißene Realität zugleich auch als Symbol eines inneren Standes der Welt und des Menschen erscheinen muß. Es wird immer schwierig bleiben, hier zu entscheiden, wieviel im Hinblick auf diese beiden Linien von historischer Beeinflussung geredet werden

kann und wieviel der immanenten Bewegung ihrer eigenen Ideenwelten zuzuschreiben ist.
Das Problem der Interiorisation der Erlösung bleibt ein Problem auch da, wo es nicht wie im Christentum dazu diente, eine These aufzustellen, als ob in der Erlösung so etwas wie eine reine Innerlichkeit aufbräche. Ich habe schon betont, daß es die besondere Position des Judentums in der Religionsgeschichte bezeichnet, daß es von solcher gleichsam chemisch reinen Innerlichkeit der Erlösung gar nichts hielt. Ich sage nicht: wenig hielt, sondern gar nichts hielt. Eine Innerlichkeit, die nicht im Äußerlichsten sich darstellt, ja mit ihm nicht bis ins Letzte verbunden wäre, die galt hier nichts. Der Vorstoß zum Kern war zugleich, das besagt die Dialektik des jüdischen Messianismus, ein Vorstoß zum Außen. Die Wiederherstellung aller Dinge an ihren rechten Ort, welche die Erlösung ist, stellt eben das Ganze her, das nichts von solcher Scheidung in Innerlichkeit und Äußerlichkeit weiß. Das utopische Element im Messianismus betraf dieses Ganze und nur dieses Ganze. Aber es bleibt historisch schon so, daß dieses Ganze unter dem doppelten Blick aufs Innere und Äußere der Welt angeschaut werden konnte, wie in der lurianischen Kabbala, solange es sicher war, daß nicht das eine dem anderen zum Opfer fallen würde. Es bleibt aber merkwürdig, daß im Judentum diese Frage nach dem innerlichen Aspekt der Erlösung erst so spät auftaucht – dann freilich mit großer Vehemenz. Im Mittelalter spielte sie keine Rolle. Vielleicht hängt dies mit der Verwerfung des christlichen Anspruchs zusammen, der ja gerade in

jenen Zeitläufen auf die Innerlichkeit einer Erlösung rekurrierte und auf ihr insistierte, die auf dem Schauplatz der Geschichte so manifesterweise widerlegt war und daher, wenn es nach den Kirchen ging, nichts auf ihm zu suchen hatte.

4

Im Vorhergehenden ist Nachdruck auf die zwei Aspekte gelegt worden, unter denen sich die messianische Idee für das unter fortdauernder apokalyptischer Inspiration stehende rabbinische Judentum darstellt, das Katastrophale und das Utopische an ihr. Die persönliche Gestalt des Messias, in dem der Vollzug der Erlösung konzentriert ist, bleibt bei all dem doch merkwürdig schwach, und das hat, scheint mir, seinen guten Grund. Es sammeln sich in ihr als einem Medium des Vollzugs Züge so verschiedener historischer und psychologischer Herkunft, daß sie über- und nebeneinander gelagert kein scharfes persönliches Bild ergeben. Man möchte fast sagen, seine Gestalt sei überdeterminiert und dadurch wieder ins Undeutliche geraten. Anders als etwa im christlichen oder im schiitischen Messianismus wirken hier ja nicht Erinnerungen an echte Personen, die, auch wo sie die Phantasie auslösen und alte Bilder der Erwartung auf sich ziehen, doch immer an etwas tief Persönliches gebunden sind. Jesus oder der verborgene Imam, die als Personen einmal da waren, haben das Unverwechselbare und Unvergeßliche der Person, und gerade das kann seiner Natur nach das jüdische Messias-Bild nicht haben, an dem alles Personenhafte nur ganz abstrakt gesehen werden kann, weil ihm eben noch keine lebendige Erfahrung zugrunde liegt.

Es gibt aber eine historische Entwicklung in dieser Gestalt des Messias, die gerade von den hier hervorgehobenen zwei Aspekten her am meisten Licht erhält. Ich meine die Verdoppelung der Messiasgestalt, ihre Aufspaltung in einen Messias aus dem Hause Davids und einen aus dem Hause Josefs. Diese Vorstellung von dem »Messias ben Josef« ist erst jüngst wieder in einer sehr interessanten Monographie von Siegmund Hurwitz behandelt worden, der versucht hat, ihre Entstehung aus psychologischen Motiven heraus klarzumachen [1]. Aber man wird bei ihr eher auf jene zwei Seiten zurückverwiesen, die uns hier beschäftigt haben. Der Messias ben Josef ist der sterbende, in der messianischen Katastrophe untergehende Messias. In ihm sammeln sich die Züge des Katastrophalen. Er kämpft und verliert – aber er leidet nicht. Nie wird auf ihn etwa die Prophetie Jesajas vom leidenden Gottesknecht bezogen. Er ist ein Erlöser, der nichts erlöst, in dem nur der letzte Kampf mit den Mächten der Welt sich kristallisiert. Der Untergang der Historie ist in seinem Untergang mitgegeben. Auf den Messias ben David sammelt sich dagegen bei dieser Spaltung der Figuren das ganze utopische Interesse. Er ist derjenige, in dem schon das Neue endgültig heraufkommt, der den Antichrist endgültig besiegt,

1 Siegmund Hurwitz, Die Gestalt des sterbenden Messias, Zürich 1958.

und stellt eben darin die rein positive Seite dieses Komplexes vor. Je mehr diese zwei Seiten sich verselbständigen und unterstrichen werden, desto mehr bleibt auch für die Kreise des apokalyptischen Messianismus im späteren Judentum diese Verdoppelung der Messias-Figur lebendig. Je mehr dieser Dualismus abgeschwächt wird, desto weniger ist von ihr die Rede und wird die Sonderfigur des Messias ben Josef überflüssig und hinfällig.

An solchen Abschwächungen hat es schon in der talmudischen Literatur selber nicht gefehlt. So sehr die apokalyptische Übersteigerung viele rabbinische Lehrer faszinierte und so vielgestaltig deren Erbschaft im mittelalterlichen Judentum fortwirkte, blieben doch auch viel nüchternere Auffassungen lebendig. Viele fanden sich durch die Apokalyptik abgestoßen und ihre Haltung kommt am schärfsten in der strikt antiapokalyptischen Definition des babylonischen Lehrers Samuel aus der ersten Hälfte des 3. Jahrhunderts zum Ausdruck, auf die im Talmud des öfteren zurückgegriffen wird: »Zwischen diesem Äon und den Tagen des Messias besteht nur der eine Unterschied der Unterwerfung [Israels] unter die Völker [1].« Diese offensichtlich polemische Äußerung gibt das Stichwort für eine Tendenz ab, mit deren Wirken und deren Kristallisation in den machtvollen Formulierungen des Maimonides wir uns noch zu befassen haben werden.

Solche Gegen-Tendenzen haben aber die fortdauernde

1 *Berachoth* 34b.

Wirksamkeit radikaler apokalyptisch-utopischer Strömungen im jüdischen Messianismus nicht beeinträchtigen können. Im Gegenteil wird man sagen dürfen, daß in den volkstümlichen, in breiten Schichten des mittelalterlichen Judentums lebendigen Gestalten des Judentums diese Apokalyptik tief verwurzelt ist. Das esoterische Element öffnet sich immer breiter ins Volkstümliche hin. Vom 3. Jahrhundert bis in die Periode der Kreuzzüge zieht sich die apokalyptische Produktion hin, und noch in wichtigen Produkten der kabbalistischen Literatur, die ja in vielen ihrer Teile eine produktive Fortsetzung der alten Agada darstellt, wenn auch auf einer neuen Stufe, läßt sich die fortdauernde Wirksamkeit dieses apokalyptischen Elementes deutlich erkennen. Wir müssen freilich damit rechnen, daß manche solcher Produkte volkstümlicher Apokalyptik rabbinischer Zensur zum Opfer gefallen sind. Diese Zensur, wenn auch in keiner institutionellen Form konstituiert, war zweifellos wirksam. Vieles, was im Mittelalter geschrieben wurde, lag den verantwortlichen Führern gar nicht, und manchmal erfahren wir nur durch zufällig erhaltene Briefe oder durch irgendein verstecktes Zitat von Ideen und Schriften, die in die »höhere Literatur« nicht Einlaß gefunden haben. Diese volkstümliche Apokalyptik stellt sich uns als Propaganda-Literatur dar. Sie will in einer trüben und gedrückten Zeit, ja in Katastrophen Trost und Hoffnung bringen, und dabei kann es an Extravaganzen nicht gefehlt haben. Es liegt in der Natur der messianischen Utopie ein anarchisches Element, die Auflösung alter Bindungen, die in dem neuen Zusammenhang der messianischen Freiheit ihren Sinn verlieren. Das Ganz-Neue, das die Utopie erhofft, tritt damit in eine folgenreiche Spannung zu der Welt der Bindungen und des Gesetzes, die die Welt der Halacha ist.

In der Tat ist die Beziehung zwischen der jüdischen Halacha und dem Messianismus von solcher Spannung erfüllt. Einerseits stellt sich die messianische Utopie als Ergänzung und Vollendung der Halacha dar. In ihr soll, was in der Halacha als dem Gesetz in einer unerlösten Welt noch nicht zum Ausdruck kommen kann, vollendet werden. So etwa werden dann erst alle jene Teile des Gesetzes vollziehbar, die unter den Bedingungen des Exils gar nicht realisierbar sind. Und so scheint gar kein Antagonismus zwischen dem provisorisch Vollziehbaren und dem messianisch Vollziehbaren am Gesetz aufzubrechen. Das eine ruft nach dem anderen, und der Begriff einer messianischen Halacha, wie ihn der Talmud kennt, das heißt einer, die in den Tagen des Messias erst lehrbar und vollziehbar wird, ist keineswegs nur eine leere Losung, sondern stellt einen sehr lebendigen Inhalt vor. Das Gesetz als solches ist in seiner ganzen Fülle nur in einer erlösten Welt zu vollziehen. Aber dem steht zweifellos noch eine andere Seite der Sache gegenüber. Denn in Wahrheit riß die Apokalyptik und die ihr inhärente Mythologie ein Fenster in eine Welt auf, die in Nebeln der Unbestimmtheit zu verbergen der Halacha eher am Herzen liegen mußte. Die Vision der messianischen Erneuerung und Freiheit war ihrer Natur nach dazu angetan, die Frage aufkommen zu lassen, was dann der Stand der Tora und der von ihr sich herschreibenden Halacha sein würde. Diese Frage, die die Halachisten nur mit Bedenken visieren konnten, wird von der rabbinischen Apokalyptik notwendigerweise erhoben. Denn selbst, wenn die Tora als unveränderlich und gültig gedacht wurde, mußte das Problem ihrer realen Anwendung in der messianischen Zeit auch innerhalb solcher Vorstellungen sich erheben. Hierbei lag es freilich nahe, eher eine Erschwerung als eine Erleichterung des göttlichen »Jochs der Tora« anzunehmen. Denn dann sollte ja vieles überhaupt erst vollziehbar werden, was in den Bedingungen des Exils, unter dem die Halacha sich im wesentlichen entwickelt hat, gar nicht realisierbar war. Zugleich zogen die Vorstellungen von einer »Tora des Messias«, wie sie im talmudischen Schrifttum erscheint, noch eine andere Vorstellung nach sich: nämlich die einer volleren Entwicklung der Gründe der Gebote, die erst der Messias zu explizieren imstande sein werde [1]. Das Verständnis der Tora und ihr Vollzug werden also gleichermaßen unendlich viel reicher sein als jetzt. Daneben konnte es aber nicht an Motiven fehlen, die dieses neue Verständnis auf eine Ebene tieferer, ja auch rein mystischer Erfassung der Welt des Gesetzes bezogen. Je größer die Veränderungen in der Natur oder die Umwälzungen im moralischen Wesen des Menschen gedacht wurden, welch letztere etwa durch

[1] Eine ausgezeichnete Diskussion der verschiedenen Nuancen dieser Vorstellung von der messianischen Tora im Talmud und Midrasch enthält die Monographie von W. D. Davies, Torah in the Messianic Age, Philadelphia 1952.

das Erlöschen der destruktiven Macht des bösen Triebes in der messianischen Zeit bedingt werden, desto größer mußten auch die Modifikationen werden, die die Wirksamkeit des Gesetzes unter solchen Umständen betrafen. Ein Gebot oder Verbot konnte ja kaum mehr dasselbe sein, wenn es nicht mehr eine Auseinandersetzung zwischen Gut und Böse zum Gegenstand hatte, zu der der Mensch aufgerufen wird, sondern viel eher einer rein sich ergießenden messianischen Spontaneität der menschlichen Freiheit entsprang, die sozusagen ihrer Natur nach nur noch das Gute realisiert und daher eigentlich all jener »Zäune« und Beschränkungen nicht mehr bedurfte, mit denen es die Halacha umgab, um es vor den Versuchungen des Bösen zu sichern. An diesem Punkt ist die Möglichkeit des Umschlags einer restaurativen Auffassung von der endlichen Wiederherstellung der Herrschaft des Gesetzes zu einer utopischen gegeben, in der nicht mehr die beschränkenden Momente an ihm bestimmend und entscheidend sind, sondern irgendwelche jetzt noch gar nicht absehbaren und ganz neue Aspekte des freien Vollzugs offenbarenden Momente. Damit kommt ein anarchisches Element in die messianische Utopie. Die paulinische »Freiheit der Kinder Gottes« ist eine Form, in der solch Umschlag aus dem Judentum herausgeführt hat. Aber keineswegs war das die einzige Gestaltung solcher im Messianismus mit dialektischer Notwendigkeit immer wieder erscheinenden Vorstellungen. Zu dem anarchischen Element treten dabei auch die antinomistischen Möglichkeiten, die in der messianischen Utopie latent sind.

Dieser Gegensatz zwischen restaurativen und rein utopischen, radikalen Elementen in der Auffassung der messianischen Tora bringt ein Element der Ungewißheit in die Haltung der Halacha zum Messianismus. Die Fronten verlaufen hier keineswegs in klaren Linien. Leider gehört eine eindringende und ernste Erforschung dieses Verhältnisses der mittelalterlichen Halacha zum Messianismus zu den bisher unerfüllt gebliebenen wichtigsten Desiderien der Wissenschaft vom Judentum. Niemand hat sich, soweit ich sehen kann, um ihre Darstellung bemüht. Wenn ich meinem hier sehr inkompetenten Urteil, eigentlich nur einem Eindruck, vertrauen darf, so scheinen viele der großen Halachisten ganz in den Bereich der volkstümlichen Apokalyptik versponnen, wenn sie auf die Erlösung zu sprechen kommen. Die Apokalyptik ist für manche von ihnen kein fremdes Element und wird nicht als Widerspruch zur Welt der Halacha empfunden. Freilich, unter dem Aspekt der Halacha erscheint das Judentum als ein wohlgeordnetes Haus, und es ist eine tiefe Wahrheit, daß ein wohlgeordnetes Haus ein gefährlich Ding ist. In dieses Haus dringt von der messianischen Apokalyptik her etwas ein, was ich vielleicht am besten als einen anarchischen Luftzug bezeichnen möchte. Hier ist ein Fenster offen, durch das Winde hineinwehen, von denen nicht ganz ausgemacht ist, was sie mit sich bringen. Und so lebensnotwendig vielleicht diese anarchische Lüftung im Hause des Gesetzes war, so begreiflich ist auch die Zurückhaltung und das Mißtrauen, mit dem wieder andere bedeutende Repräsentanten dieser Welt der Halacha alldem gegenüberstehen, was die messianische Utopie ausmacht. Viele, wie ich sagte, sind tief ins Apokalyptische versponnen, bei vielen aber ist ein ebenso tiefes Unbehagen den Perspektiven gegenüber spürbar, die sich hier eröffnen. Der Gegensatz zwischen der wesentlich konservativen rabbinischen Autorität und der niemals endgültig definierten messianischen Autorität, die aus ganz neuen Dimensionen des Utopischen her aufgerichtet werden sollte, konnte ohne reale Macht bleiben, ja es konnte eine gewisse Harmonie zwischen solchen Autoritäten zu stiften unternommen werden, solange der Messianismus nur als abstrakte Hoffnung auftrat, als rein in die Zukunft verlegtes Element, das in der Gegenwart keine lebendige Bedeutung für das Leben des Juden hatte. In jedem aktuellen Ausbruch solcher Hoffnung aber, das heißt in jeder historischen Stunde, in der die messianische Idee als unmittelbare wirkende Macht ins Bewußtsein trat, wird sofort die Spannung spürbar, die zwischen diesen beiden Formen religiöser Autorität besteht. Im reinen Denken ließen sich diese Dinge vereinigen oder wenigstens nebeneinander aufbewahren, in ihrem Vollzuge nicht. Die Beobachtung des Erscheinens solcher Spannung in den messianischen Bewegungen des 12. Jahrhunderts mit ihren antinomistischen Begleiterscheinungen bei den Anhängern des David Alroi in Kurdistan oder denen des Messias, der damals in Jemen auftrat, wird nicht ohne Einfluß auf die Haltung des Maimonides gewesen sein, als er sich daran machte, den Geltungsbereich der messianischen Utopie

mit so großer Energie auf das möglichste Minimum einzuschränken.
Das Aufkommen solcher radikalen Gehalte der messianischen Idee ist am deutlichsten in einem mittelalterlichen Werk zu beobachten, in dem sich Halacha und Kabbala aufs innigste verbinden. Es handelt sich um das Buch *Ra'ja Mehemna*, das der spätesten Schicht der im Buche Sohar zusammengefaßten Literatur angehört und in den letzten Jahren des 13. Jahrhunderts oder den ersten des 14. Jahrhunderts entstanden ist. Der Autor, ein in der Halacha tief verwurzelter Kabbalist, behandelt hier die mystischen Gründe der Gebote und Verbote der Tora. Zugleich ist aber sein Buch aus einer akuten messianischen Erwartung heraus geschrieben, die die ganze Dringlichkeit des unmittelbar bevorstehenden Endes besitzt. Dabei aber bewegt ihn entscheidend nicht ein Interesse an dem katastrophalen Aspekt der Erlösung, an dem er kein neues selbständiges Gesicht entdeckt hat, sondern an deren utopischem Gehalt, den er vorwegnehmend zu formulieren sucht. Hier spielt nun eine anarchische Vision der Befreiung von den Beschränkungen, die die Tora in einer unerlösten Welt, und vor allem im Exil, dem Juden auferlegt hat, eine zentrale Rolle. Der Autor drückt seine Vision durch alte biblische Symbole aus, die nun zu Typen des verschiedenen Stands der Dinge in der unerlösten Welt und der messianischen Zeit werden. Diese Symbole sind der Baum des Lebens und der Baum der Erkenntnis oder des Wissens um Gut und Böse, der, weil seine Frucht den Tod mit sich trägt, auch der »Baum des Todes«

heißt. Diese Bäume beherrschen jeweilig den Stand der Welt, sei es der Schöpfung überhaupt, sei es der Tora als des sie durchwaltenden und bestimmenden göttlichen Gesetzes. Im Zentrum des Paradieses stehend, höhere Ordnungen repräsentierend, beherrschen sie dort viel mehr als das paradiesische Dasein allein. Seit Adams Fall ist die Welt nicht mehr vom Baum des Lebens regiert, wie es ihre ursprüngliche Bestimmung war, sondern vom Baum der Erkenntnis. Der Baum des Lebens stellt die reine, ungebrochene Macht des Heiligen dar, die Ausbreitung des göttlichen Lebens durch alle Welten und die Kommunikation, in der alles Lebendige mit seinem göttlichen Ursprung steht. In ihm gibt es keine Beimischung des Bösen, keine »Schalen«, die das Lebendige eindämmen und ersticken, keinen Tod und keine Beschränkung. Seit Adams Fall aber, seit dem Genuß der verbotenen Frucht vom Baume der Erkenntnis, ist die Welt vom Mysterium dieses zweiten Baumes beherrscht, in dem Gut und Böse ihre Stelle haben. Daher gibt es unter der Herrschaft dieses Baumes in der Welt geschiedene Sphären, die des Heiligen und Profanen, des Reinen und Unreinen, des Erlaubten und Verbotenen, des Lebendigen und des Toten, des Göttlichen und des Dämonischen. Die Tora, die Offenbarung von Gottes Weltleitung, ist zwar in ihrem Wesen Eine und unveränderlich, manifestiert sich aber in jedem Stand der Welt auf eine diesem Stand entsprechende Weise. Unser Verständnis der Offenbarung ist jetzt an den »Baum der Erkenntnis« gebunden und tritt als das positive Gesetz der Tora und als die

Welt der Halacha erfüllend auf. So erscheint uns ihr Sinn jetzt im Gebotenen und Verbotenen und allem, was aus dieser grundlegenden Scheidung folgt. Die Macht des Bösen, des Destruktiven und Todbringenden, die in der freien Wahl des Menschen real geworden ist, zu bannen und in ihre Schranken zu verweisen, wenn schon nicht gänzlich zu überwinden, ist der Sinn des Gesetzes, das sozusagen die Tora bildet, wie sie im Licht des Baumes der Erkenntnis, um nicht zu sagen in dessen Schatten, gelesen werden kann. In der messianischen Erlösung aber bricht der volle Glanz des Utopischen wieder hervor, wenn auch charakteristischerweise, im Sinne der Rede vom Baum des Lebens, als Restauration des paradiesischen Standes konzipiert. In einer Welt, in der die Macht des Bösen gebrochen ist, verschwinden auch all jene Scheidungen, die sich aus seiner Natur herschreiben. In einer Welt, in der nur noch das reine Leben waltet, haben die Verfestigungen des Lebensstromes, seine Verhärtungen im Äußerlichen und in »Schalen« keine Geltung und keinen Sinn mehr. Im jetzigen Weltenstand hat sich die Tora unter vielen Sinnesschichten darzustellen; und auch der mystische Sinn, in dem sie dem Einsichtigen einen Blick wenigstens in ihr verborgenes Leben und in seine eigene Verbindung mit diesem Leben verstattet, ist eben an die Erscheinungsformen auch des Äußerlichsten mit Notwendigkeit gebunden. Daher bleiben Halacha und Kabbala im Exil stets aufeinander bezogen. Wenn aber die Welt wieder unter dem Gesetz des Baums des Lebens steht, wandelt sich das Antlitz der Halacha selber. Wo alles heilig ist, bedarf es der Umzäunungen und Verbote nicht mehr, und was jetzt als solche erscheint, wird entweder verschwinden oder ein ganz Neues, noch nicht entdecktes Gesicht reiner Positivität enthüllen. In dieser Auffassung erscheint nun die Erlösung als eine Manifestation eines tief Geistigen, als eine spirituelle Revolution, die den mystischen Inhalt und Sinn der Tora als deren eigentlichen und wahren Wortsinn enthüllt. An die Stelle der nationalen und politischen Utopie tritt, ohne sie eigentlich zu abrogieren, aber als nun sich öffnender Kern, die mystische Utopie. Der Autor schwelgt in diesem Kontrast zwischen der Tora des Exils und der Tora der Erlösung, die erst den unverstellten und lebendigen Sinn der ganzen Tora in ihrer unendlichen Fülle enthüllen werde, ohne doch irgendeinen Übergang zwischen diesen beiden Manifestationsweisen oder zwischen den Bedingungen der zwei Weltzustände klarzumachen, die in diesen beiden Aspekten der einen »vollkommenen Tora Gottes« zum Ausdruck kommen. Weiter ist die utopische Vision innerhalb des rabbinischen Judentums nicht getrieben worden, und weiter konnte sie auch schwerlich getrieben werden.

5

Sehr verschieden von den Ergebnissen, zu denen die bisherigen Erwägungen uns geführt haben, sind die, die eine Betrachtung der Funktion freigibt, welche die messianische Idee im Zusammenhang der rationalen Tendenzen im Judentum erfüllt hat. Diese rationalen Tendenzen haben ihre Entwicklung in der jüdischen Philosophie des Mittelalters genommen, in der der Versuch unternommen wurde, den jüdischen Monotheismus und die darauf gegründete Offenbarungs-Religion zugleich als ein in sich konsistentes System einer Vernunft-Religion nachzuweisen, oder doch als solche soweit wie möglich zu statuieren. Dies Unternehmen der Philosophen und rationalen Theologen des Judentums ergreift nicht sofort und in gleicher Weise alle Bezirke der jüdischen Tradition, in der die Glaubensüberzeugungen des alten Judentums noch ohne systematischen Zusammenhang sich kristallisiert hatten. Aber unverkennbar ist die Tendenz, die etwa in der Entwicklung von Sa'adja (gest. 942) bis zu Maimonides (gest. 1204) und Chasdai Chrescas (gest. 1410) ihren Ausdruck findet, der rationalen Durchleuchtung und damit der rationalen Kritik auch solche Bereiche zu eröffnen, die ihr ursprünglich am fremdesten sind. Dazu gehört in hervorragender Weise die messianische Idee, und in besonders drastischer Weise in den Formen der rabbinischen Apokalyptik, von denen oben die Rede war [1].

Hier nun treffen wir auf den wichtigen Tatbestand, daß die rationalen Tendenzen im Judentum das restaurative Moment im Messianismus ganz entschieden in den Vordergrund ihrer Betrachtungen gerückt haben. Es tritt in der einflußreichsten Formulierung,

1 Vergl. die detaillierte Darstellung der einzelnen Stadien dieser Entwicklung bei Joseph Sarachek, The Messianic Idea in Medieval Jewish Literature, New York 1932.

wie diese Tendenz sie bei Maimonides gefunden hat, geradezu ins Zentrum des Messianismus. Ihm gegenüber tritt das utopische Element ganz merkwürdig zurück und erhält sich nur auf einem bis aufs wahre Minimum reduzierten Bestand. Und dieser Bestand selber wird nur dadurch gewonnen, daß ein im präzisen Sinn utopisches Element der prophetischen Verheißung, nämlich die universale Gotteserkenntnis, mit dem höchsten Gut dieser philosophischen Lehren in Beziehung gesetzt wurde. Dies höchste Gut aber ist das kontemplative Leben, das den mittelalterlichen Philosophen aus den Denkvoraussetzungen ihrer griechischen philosophischen Erbschaft her als das Ideal eines erfüllten Lebens erscheinen mußte. Die theoretische Kontemplation, die auf rein philosophischer Basis als oberster Wert statuiert werden konnte, vermochte leicht eine Verbindung mit der religiösen Sphäre einzugehen, wie die Geschichte aller drei monotheistischen Religionen lehrt. Die Versenkung in die Gehalte der Tora und die Betrachtung von Gottes Eigenschaften und Walten schuf im Judentum einen traditionellen Rahmen für solche Gleichsetzung der *vita contemplativa* mit der Bemühung um Gegenstände und Sachverhalte des jüdisch-religiösen Bereiches. Der Vollzug des göttlichen Gesetzes war ja hier stets mit dessen Studium, ohne das solch Vollzug gar nicht legitim gedacht werden konnte, eng verbunden. Und diese Idee des Tora-Studiums eröffnet dem jüdischen Philosophen einen höchsten kontemplativen Bereich, von dem aus die Welt der Halacha erst erleuchtet wurde. Das aktive Leben, das von der

Halacha geordnet wurde, findet seine Ergänzung und Vollendung in jener Sphäre, an deren übergeordnetem Wert Maimonides keinen Zweifel hegt. Diese Idee des kontemplativen Lebens als Wert konnte ohne jede Beziehung auf die messianische Idee entwickelt werden. Und in der Tat erscheint sie als das krönende Element am Abschluß des philosophischen Hauptwerkes des Maimonides, des »Führers der Verwirrten«, ohne jede solche Beziehung. Mit anderen Worten: sie ist prinzipiell, wenn auch nur isoliert und punktuell, unabhängig von ihr realisierbar, auch in einer unerlösten Welt. Aber indem in der messianischen Zeit, unter im übrigen völlig natürlichen Bedingungen, die Muße zu solcher *vita contemplativa* nun ganz andere Dimensionen annimmt und die kontemplative Erkenntnis Gottes das vornehmste Anliegen aller Welt sein wird, bleibt damit ein utopischer Inhalt dieser Vision gerettet. Er verschwindet nicht ganz, aber er ist nur noch die intensive Realisierung eines Standes, der im Grunde und seinem eigentlichen Wesen nach auch schon unter den Bedingungen unserer Zeit zu erlangen ist. In der überschwenglichen Ausdehnung und Überhöhung des kontemplativen Elements rettet sich die Utopie. Alles andere ist von restaurativen Tendenzen bestimmt.

Diese rationale Einschränkung des Messianischen auf die restaurativen Momente an ihm liegt nun, wie zu betonen ist, keineswegs im Wesen der rationalistischen Tendenzen im Judentum überhaupt. Sie findet vielmehr nur in deren mittelalterlichen Formen statt, und es besteht hier ein tiefer Unterschied zwischen dem mittelalterlichen und dem neuzeitlichen Rationalismus, der gegenüber naheliegenden Verwischungstendenzen festgehalten werden muß. Denn gerade in dem Maß, in dem der Rationalismus der jüdischen und europäischen Aufklärung die messianische Idee einer immer fortschreitenden Säkularisierung unterwarf, befreit er sich von dem restaurativen Element. Im Gegenteil, er betont das utopische Element, wenn auch auf eine ganz neue, dem Mittelalter fremde Weise. Der Messianismus geht die Verbindung mit der Idee des ewigen Fortschritts und der unendlichen Aufgabe einer sich vollendenden Menschheit ein. Dabei wird im Begriff des Fortschritts selber ein nicht-restauratives Element ins Zentrum der rationalen Utopie gerückt. Je stärker die nationalen und historischen Elemente der messianischen Idee dabei einer rein universalistisch gerichteten Interpretation gegenüber in den Hintergrund traten, verloren auch die restaurativen Momente ihr Gewicht. Herrmann Cohen, gewiß ein so vornehmer Repräsentant liberal-rationalistischer Umdeutung der messianischen Idee im Judentum wie man ihn nur denken kann, ist zugleich, und zwar aus den eigenen Antrieben seiner Religion der Vernunft her, ein echter und ungehemmter Utopist, der das Restaurative völlig liquidieren möchte.

Wenn wir uns fragen, worin der Grund für diese veränderte Haltung des mittelalterlichen und des neuzeitlichen jüdischen Rationalismus zum Messianismus besteht, so scheint mir die Antwort darin zu liegen, daß im Mittelalter die Apokalyptik eine Bedeutung einnahm, die in der Zeit der Aufklärung durchaus hinfällig geworden war. Jene Tendenz, deren großartigsten und einflußreichsten Vertreter wir in Maimonides vor uns haben, geht entschieden und mit klarem Bewußtsein auf die Liquidation der Apokalyptik im jüdischen Messianismus aus. Ihr ist jenes anarchische Element an ihm, von dem ich oben gesprochen habe, tief verdächtig, und dahinter steht vielleicht die Furcht vor dem Ausbruch antinomistischer Ideengänge, die die Apokalyptik in der Tat leicht aus sich herausstellen konnte. Diese Furcht vor der radikalen Utopie und deren möglichen Formen bedingte hier den entschlossenen Rückgriff auf das restaurative Moment, das solchen Ausbrüchen eine Grenze zu setzen geeignet war. In der Umwelt des Maimonides waren das ganz reale und in historischen Phänomenen seiner eigenen Erfahrung wohl begründete Befürchtungen. In einer Zeit wie dem 19. Jahrhundert schien dagegen die Apokalyptik endgültig liquidiert und besaß mindestens für die historische Erfahrung der großen jüdischen Rationalisten dieser Zeit keinerlei Dringlichkeit oder Gewicht. (Daß sie sich dabei tief und entscheidend getäuscht haben, steht auf einem anderen Blatt.) Nirgends verraten sie ein Gefühl für die noch unter Verkleidungen wirksame ungeheure Macht der Apokalyptik, die für sie zum sinnlosen, entleerten Geschwätz geworden ist. Und noch das anarchische Element in der Utopie erschreckt die Freiesten unter ihnen nicht mehr als etwas Destruktives, sondern gilt als ein eher positives Element im Fortschritt der Menschheit, die sich von alten

Formen zu immer höheren und ungebundeneren der menschlichen Freiheit entwickelt. Im mittelalterlichen Judentum aber haben Strömungen dieser Art keine Bedeutung gehabt. Von ihm gilt, daß schöpferische Bedeutung für das Verständnis der messianischen Idee nur die radikalen Antipoden haben, die Apokalyptiker einerseits und die Liquidatoren der Apokalyptik andererseits, die letzten Endes aus antimessianischen Antrieben heraus denken und die die Gefahrenmomente der Utopie von der messianischen Freiheit erkannt haben, sei es als Halachisten, sei es als Philosophen. Es ist ein Irrtum, wie es oft geschieht, nur die zweite, freilich von machtvollen persönlichen Vertretern repräsentierte Tendenz im Judentum zu sehen, aber es wäre nicht weniger falsch, in dem Bewußtsein von der großen Bedeutung der Apokalyptik die Wirksamkeit jener anderen Tendenz, die auf Entfernung des apokalyptischen Stachels ausging, nun zu unterschätzen. In der Auseinandersetzung zwischen diesen beiden Tendenzen liegt die besondere Lebendigkeit der messianischen Idee im Judentum.

Als positives Grund-Dogma oder Prinzip des Judentums ist, so gewaltig die Anziehungskraft dieser Vorstellung war, die messianische Idee erst spät formuliert worden. Wenn überhaupt gewählt wurde – es gab ja genug Enthusiasten unter den Juden, die solche Auswahl von Prinzipien von vornherein ablehnten und für die alle Bestände der Tradition gleiches Gewicht beanspruchten – so konnte fraglich sein, ob neben dem monotheistischen Prinzip und der Autorität der Tora als Norm des Lebens die messianische Hoffnung als Gewißheit der Erlösung gleichwertige Sanktionierung beanspruchen konnte. Es ist dabei gewiß denkwürdig, daß Maimonides, der noch entschiedener als einige seiner Vorgänger diesen Schritt getan hat und der der messianischen Idee einen Platz unter den dreizehn Glaubenssätzen des Judentums angewiesen hat, diese Aufnahme nur unter anti-apokalyptischen Restriktionen vollzog[1]. Maimonides, der in dem ziemlich anarchisch organisierten mittelalterlichen Judentum eine feste Autorität zu stabilisieren unternahm, war ein Mann von ungewöhnlichem intellektuellem Mut. Er brachte es fertig, in seine weithin maßgebend gewordene Kodifikation der Halacha seine eigenen metaphysischen Überzeugungen als verpflichtende Normen der religiösen Haltung des Juden überhaupt, also als Halachoth, aufzunehmen, obwohl entscheidende Teile dieser Thesen keinerlei legitimen Grund in

1 In den dreizehn Grundprinzipien, die Maimonides in seiner Einleitung zum Mischna-Kommentar zu Sanhedrin Kap. X formuliert, heißt es: »Das zwölfte Prinzip betrifft die Tage des Messias. Es besteht darin, zu glauben und für wahr zu erkennen, daß er kommen wird und nicht zu denken, daß er sich verspäten wird. Auch wenn er sich verzögert, hoffe auf ihn. Und man soll keine Zeit für ihn bestimmen und keine Vermutungen über den Sinn von Bibelversen anstellen, um die Zeit seiner Ankunft herauszubekommen. Und schon die Weisen haben gesagt: ›Mögen die das Ende berechnen wollen, ihren Geist aushauchen.‹ Vielmehr soll man an ihn glauben, ihn verherrlichen und lieben und um ihn beten, nach der Maßgabe dessen, was die Propheten von Moses bis Maleachi über ihn geweissagt haben. Und wer Zweifel über ihn hat, oder wer gering von seinem Range denkt, der hat die Tora verleugnet, die ihn ausdrücklich verheißen hat.«

biblischen oder talmudischen Quellen haben, sondern der griechischen philosophischen Tradition verpflichtet sind. Und wie er hier, am Eingang seines großen Werkes, seiner eigenen Überzeugung Gesetzeskraft im Sinne der Halacha zu verleihen bereit ist, so verfährt er nicht weniger eigenwillig in der radikalen Aufnahme der anti-apokalyptischen Momente der talmudischen Überlieferung und bei ihrer entschlossenen Übersteigerung im Sinne seiner eigenen Gedankenwelt am Ende dieses Werkes. In den letzten beiden Abschnitten seines Gesetzes-Kodex, im 11. und 12. Abschnitt der »Halachoth über die Einsetzung von Königen«, haben wir sein Bild von der messianischen Idee. Nachdem wir oben einige Formulierungen der Apokalyptiker kennengelernt haben, verlohnt es sich, einige Kernstücke dieser entgegengesetzen Ausführungen zu besprechen [1]. Hier lesen wir:
»Der Messias wird einst auftreten und das Königtum Davids in seiner vormaligen Macht wiederherstellen. Er wird das Heiligtum aufbauen und die Versprengten Israels sammeln. Alle Rechtssatzungen werden in seinen Tagen die frühere Geltung wiedererlangen, man wird Opfer darbringen und die Brach- und Jobeljahre beobachten, ganz nach der in der Tora enthaltenen Vorschrift. Derjenige aber, der nicht an ihn glaubt oder nicht auf sein Erscheinen harrt, verleugnet

1 Ich benutze dabei weitgehend die Übersetzung von Moritz Zobel in seiner vorzüglichen Zusammenstellung, Der Messias und die messianische Zeit in Talmud und Midrasch, Berlin 1938. (Bücherei des Schocken-Verlags, 90–91.)

nicht bloß die übrigen Propheten, sondern auch die Tora und unseren Lehrer Moses.

»Laß es Dir nicht in den Sinn kommen, daß es dem Messias obliegt, Zeichen und Wunder zu wirken, daß er etwa einen neuen Stand der Dinge in der Welt herbeiführen oder die Toten zum Leben erwecken wird und dergleichen mehr. So verhält es sich keineswegs ... Vielmehr hat es mit diesen Dingen folgende Bewandtnis: die Satzungen unserer Tora gelten für immer und ewig. Ihnen kann nichts hinzugefügt und nichts von ihnen weggenommen werden. Wird nun einmal ein König aus dem Hause Davids erstehen, der über die Tora nachdenkt und die Gebote übt wie sein Ahne David, in Übereinstimmung mit der schriftlich und mündlich überlieferten Tora; wird er ferner ganz Israel nötigen, in den Wegen der Tora zu wandeln und deren Schäden auszubessern [d. h. die Übelstände, die durch die unvollkommene Erfüllung des Gesetzes bedingt sind, zu beseitigen], und wird er die Kriege des Herrn führen, so darf man mit Recht vermuten, daß er der Messias sei. Wenn er es dann mit Erfolg unternimmt, das Heiligtum an seiner Stätte aufzubauen und die Verstoßenen Israels zu sammeln, so ist es [durch diesen Erfolg] erwiesen, daß er in der Tat der Messias ist. Er wird dann die Welt so einrichten, daß sie ganz Gott dient, wie es heißt [Zefanja 3:9]: Alsdann werde ich den Völkern eine lautere Lippe schaffen, daß sie alle den Namen Gottes anrufen und ihm dienen.

»Man möge nicht etwa denken, daß in den Tagen des Messias irgend etwas vom natürlichen Lauf der Welt aufhören wird, oder eine Neugestaltung innerhalb der Schöpfung stattfinden wird. Vielmehr wird sich alles in der Welt nach seinem gewohnten Lauf vollziehen. Und was Jesaja sagt [11:6]: Es wird der Wolf bei dem Lamme wohnen und der Panther bei dem Böcklein lagern, so ist dies ein Gleichnis und eine Allegorie und bedeutet, daß Israel in Sicherheit auch bei den Frevlern unter den heidnischen Völkern siedeln wird, die mit einem Wolf und einem Panther verglichen werden. Diese werden sich dann nämlich zur wahren Religion bekehren und nicht mehr rauben und Verderben stiften. Ebenso sind alle ähnlichen, auf den Messias bezüglichen Schriftstellen als Gleichnisse aufzufassen. Erst in den Tagen des Messias wird jedermann kundwerden, was die Gleichnisse zu bedeuten haben und worauf sie hinweisen. So haben es auch die Weisen gesagt: Es gibt keinen anderen Unterschied zwischen dieser Welt und den Tagen des Messias als die Unterwerfung Israels unter die Königreiche.

»Aus dem einfachen Sinn der Prophetenworte scheint hervorzugehen, daß zu Beginn der messianischen Zeit der Krieg des Gog und Magog stattfinden wird ... [über diese messianischen Kriege und die Ankunft des Propheten Elia vor dem Ende sagt Maimonides dann weiter:] ... Von allen diesen und ähnlichen Dingen weiß niemand genau, wie sie sich zutragen werden, da die Aussagen der Propheten hierüber dunkel sind. Auch die Weisen besitzen über diese Dinge keine Überlieferung, sondern lassen sich von der Erwägung der Schriftstellen leiten. Daher bestehen unter ihnen Meinungsverschiedenheiten über diesen Gegenstand. Jedenfalls gehört die Darstellung dieser Dinge und ihre Einzelheiten nicht zum Wesen der Religion. Darum soll man sich niemals mit den haggadischen Aussprüchen und den Midraschim, die von diesen und ähnlichen Gegenständen handeln, viel abgeben, noch bei ihnen verweilen oder sie gar als Hauptsache[1] ansehen, denn die Beschäftigung mit ihnen führt den Menschen weder zur Gottesfurcht noch zur Gottesliebe ...

»Die Weisen und Propheten haben sich nach der messianischen Zeit gesehnt, nicht etwa um über die ganze Welt zu herrschen und nicht etwa, um die Götzendiener unter ihre Botmäßigkeit zu bringen und nicht etwa, damit die Völker sie erheben, und nicht etwa, um zu essen und zu trinken und sich wohlsein zu lassen, sondern damit sie für die Tora und die Weisheit Muße haben und hierin nicht von irgendeinem Bedränger gehemmt würden.

»In jenem Zeitalter wird es weder Hungersnot noch Krieg, noch Mißgunst, noch Zwietracht geben, denn man wird die irdischen Güter im Überfluß besitzen. Alle Welt wird kein anderes Anliegen haben, als Gott zu erkennen. Darum werden dann die Kinder Israels hervorragende Weise sein und die verborgenen Dinge und die Gedanken ihres Schöpfers ergründen, soweit der menschliche Geist dies vermag, wie es heißt

1 Das Wort kann bedeuten: als Fundamental-Prinzip, aber auch: als wichtigen Gegenstand der Betrachtung (wie es Zobel auffaßt).

[Jesaja 11:9]: Denn die Erde wird voll sein von der Erkenntnis Gottes, wie die Wasser das Meer bedecken.«

In diesen gemessenen Worten eines großen Meisters hat jeder Satz, ausgesprochen und verschwiegen, eine polemische Adresse. Ihre nüchterne Besonnenheit kodifiziert den Protest gegen die Apokalyptik, gegen die wuchernde Phantasie der Haggadisten und gegen die Autoren der volkstümlichen Midraschim, in denen die Stadien des Endes und die Katastrophen der Natur und der Geschichte beschrieben werden, die es begleiten. Dies alles wird mit einer großartigen Geste ausgewischt. Maimonides weiß nichts von messianischen Wundern und anderen Zeichen. Die messianische Zeit bringt negativ die Freiheit von der gegenwärtigen Knechtschaft Israels und als positiven Inhalt die Freiheit für die Erkenntnis Gottes. Dazu aber muß weder das Gesetz der sittlichen Ordnung fallen, die Offenbarung der Tora, noch das Gesetz der natürlichen Ordnung. Weder Schöpfung noch Offenbarung unterliegen irgendeiner Veränderung. Die Verbindlichkeit des Gesetzes hört nicht auf, und die Gesetzmäßigkeit der Natur weicht keinem Wunder. Nicht das Eingreifen von Himmel und Erde bildet für ihn ein Kriterium der Legitimität des Messias und seiner Mission, sondern er kennt nur das eine Kriterium: ob er in seinem Unternehmen Erfolg hat[1].

[1] In seinem Brief nach Jemen, in dem Maimonides weitgehende Rücksicht auf die eschatologischen Requisiten der Tradition nimmt, die er später eliminiert, findet in freilich sehr nüchterner

Der Messias hat sich der berechtigten Skepsis gegenüber auszuweisen, nicht durch kosmische Zeichen und Wunder, sondern durch historischen Erfolg. Nichts in einer übernatürlichen Konstitution seines Wesens verbürgt seinen Erfolg und ermöglicht, ihn mit Sicherheit zu erkennen, bevor er sich ausgewiesen hat[1]. Die messianische Zeit, die er heraufführt, ist in allem Ent-

Fassung dies Element der Wunder noch seinen Platz. Der Unterschied des prophetischen Ranges des Messias von den anderen Propheten von Moses bis Maleachi wird hier, in offenkundiger konservativer Rücksicht auf seine jemenitischen Leser, so formuliert: »Aber die ihm allein eigentümliche Eigenschaft ist, daß bei seinem Erscheinen Gott alle Könige der Erde durch das bloße Gerücht von ihm bestürzen wird. Ihr Königtum wird zunichte, sie können gegen ihn nicht bestehen, weder mit Schwert noch Empörung, das heißt sie werden ihn nicht anfechten und nicht Lügen strafen können, sondern werden von den Wunderzeichen erstarrt sein, die sich durch ihn zeigen werden. Wer ihn töten will, den wird er töten. Da ist keine Rettung und kein Entrinnen mehr aus seiner Hand ... Jener König wird sehr mächtig sein. Alle Völker werden mit ihm Frieden halten, alle Länder ihm dienen, um der großen Gerechtigkeit und der Wunder willen, die von seiner Hand geschehen. Jeden, der gegen ihn sich erhebt, vernichtet Gott und überantwortet ihn seiner Hand. Alle Worte der Schrift bezeugen seinen Erfolg und unseren Erfolg mit ihm.« (*Iggereth Teman*, ed. David Hollub, Wien 1875, S. 48.)

1 Auf diese Ausführungen Maimonides' berief sich überraschenderweise Abraham Cardoso, der so ganz anders gestimmte Anhänger des Sabbatai Zwi noch nach dessen Apostasie, um seine These zu stützen, daß es in der Natur des Messias liege, daß bis zur endgültigen Stabilisierung seiner Autorität das Verhalten des Messias geradezu so sein müsse, daß es dem Zweifel an der Legitimität seiner Mission Nahrung gäbe!

scheidenden betont unter dem Aspekt des Restaurativen gesehen. Alles darüber Hinausführende, der utopische Stand der Welt wird mit einem kräftigen Nein verworfen. Nur die Kontemplation der Tora und die Erkenntnis Gottes innerhalb einer im übrigen ganz unter natürlichen Gesetzen verlaufenden Welt bleibt, wie oben dargelegt wurde, als einziges nicht mehr reduzierbares Element des Utopischen erhalten. Und das ist verständlich. Die Aufgabe des Menschen ist für Maimonides seit der Offenbarung klar umrissen und ihre Erfüllung nicht vom Kommen des Messias abhängig. Für ihn ist auch die messianische Zeit als irdischer Zustand kein höchstes Gut, sondern nur Vorstufe zum endgültigen Übergang in die künftige Welt, in die aber die unsterbliche Seele gemäß ihrem in diesem Leben durch Erkenntnisarbeit erworbenen Anteil am Ewigen sogleich nach ihrer Trennung vom Leibe gelangt. Da also eigentlich schon das Ende des individuellen Lebens sie an die Schwelle des ersehnten Endzustandes führt, der in Wahrheit keine künftige Welt, sondern eine ewige Gegenwart darstellt, so liegt es gar nicht in der immanenten Logik der allgemeinen Haltung des Maimonides, zur Erfüllung der Aufgabe des Menschen das Ende der Weltgeschichte zu bemühen[1]. Der Messianismus ist in der Tat kein Postulat seines philosophischen Denkens, sondern bleibt, wie rational er immer umgebogen wird, doch auch noch

1 Die Vorstellung vom Jüngsten Gericht spielt bei Maimonides überhaupt keine Rolle. Dereinstige Vergeltung im Sinne von eschatologischer Belohnung und Strafe gibt es nicht.

in diesem Minimalstand der Utopie ein reines Element des Traditionsbestandes. Mit dem systematischen Denkanliegen des Maimonides ist er nur durch diese reichlich vermessene Identifizierung der von den Propheten geforderten Gotteserkenntnis – die in deren Sinn aber doch stets ein aktives und moralisches Element enthielt – mit dem kontemplativen Leben, von der ich oben gesprochen habe, verbunden. Die messianische Zeit erleichtert die Bedingungen, unter denen das Heil der Seele im Vollzug der Tora und der Erkenntnis Gottes gefunden werden kann, aber diese Erleichterung ist eigentlich alles, was dem restaurativen Ideal hier einen Schimmer des Utopischen verleiht.

In der restaurativen Natur der messianischen Zeit hält nun freilich Maimonides, gegenüber der individuellen Vorstellung vom Heil jeder Seele, das gar nichts mit dem Messianischen zu tun hat und gegebenenfalls ohne dessen Bemühung erlangt werden kann, als an einem öffentlichen und in der Gemeinschaft verwirklichten Vorgang fest. Ältere Schriften des Maimonides, vor allem das aus seiner Frühzeit stammende »Sendschreiben nach Jemen« (1172), wo damals eine starke messianische Bewegung entstanden war, beweisen, daß er ein tiefes Empfinden für die nationalen Motive dieser Erwartung hatte, auch wo er mit großer Vorsicht sich um deren Abschwächung bemüht. Die bittere Rechnung mit den Unterdrückungen und Verfolgungen von seiten der Völker, die in der rationalen Formulierung seines Gesetzeskodex fast bis zur Unkenntlichkeit eliminiert ist, ist ihm hier noch gegenwärtig, und er tröstet seine Adressaten mit dem Hinweis, Gott werde die falschen Religionen zunichte machen und den Messias offenbaren, gerade wenn es die Völker am wenigsten erwarten würden. Ein Kausalverhältnis zwischen dem Kommen des Messias und den Handlungen der Menschen erkennt aber Maimonides nirgends an. Es ist nicht etwa die Buße Israels, die die Erlösung bringt, sondern weil die Erlösung nach göttlichem Ratschluß zum Durchbruch kommen soll, bricht in der letzten Stunde auch in Israel selbst die Bußbewegung aus. Die messianische Restauration, die mit keiner Idee eines Progresses zur Erlösung verbunden ist, ist und bleibt ein Wunder – freilich kein Wunder, das sich außerhalb der Natur und ihrer Gesetze vollzieht, sondern ein Wunder, weil sie von den Propheten zur Bestätigung der Herrschaft Gottes auf der Welt vorher angekündigt worden ist. Die messianische Zeit ist ein freies Geschenk Gottes, aber sie ist ein Geschenk, das verheißen worden ist, und das erhebt ihren Anbruch, wenn er auch unter natürlichen Bedingungen sich vollzieht, doch über die Natur. Eine rein philosophische Rechtfertigung des messianischen Gedankens aus seiner Ontologie oder Ethik hat Maimonides nicht versucht. Der Mensch ist prinzipiell durchaus in der Lage, seine Aufgabe und damit seine Zukunft zu bewältigen – im Gegensatz zu den Apokalyptikern, die ihm das nicht zusprechen – und die antiapokalyptische Vision des Maimonides besagt nur, daß die messianische Zeit diese seine Fähigkeit durch günstige Bedingungen des allgemeinen Friedens und der allgemeinen Eudämonie verstärkt, nicht aber, daß sie sie überhaupt erst ermöglicht.

Es versteht sich, daß damit jenes dramatische Element hinfällig wird, das der Apokalyptik soviel Lebendigkeit verliehen hat[1]. Maimonides stellt nicht von vorneherein die Überlieferungen und prophetischen Worte von der Katastrophalität der Erlösung in Abrede, ja er erwägt sie als Möglichkeit hier und da in seinen Schriften, aber er versagt sich ihnen. Er läßt sie in ihrer rätselhaften Verschlossenheit beruhen, die sich erst in den Ereignissen selber öffnen werde und keiner Antizipation fähig sei. Er zieht sich von diesem Bereich zurück und sucht ihn auch jedem anderen zu verbieten. Die monumentale Einfachheit und Entschiedenheit, mit der diese Haltung bei Maimonides formuliert ist, verleugnet nirgends den kämpferischen Charakter dieses Versuchs. Maimonides weiß, daß er auf einem vorgeschobenen Posten steht, den nur relativ wenige vor ihm besetzt gehalten haben. Nicht um wirkliche Fortsetzung einer kontinuierlichen Tradition geht es ihm, sondern um die Durchsetzung eines neuen Begriffs der Erlösung, der aus der Auswahl der ihm zusagenden Elemente der Tradition entsteht. Noch in Sa'adjas »Buch der Meinungen und Glaubenslehren« stand ja das Gegenteil von Maimonides Ansicht über die messianische Idee zu lesen, von den Werken anderer Messiologen des Mittelalters zu schweigen, die dem Maimonides überaus *contre coeur*

1 Selbstverständlich fallen bei ihm auch Vorstellungen wie die der Präexistenz des Messias oder des Messias ben Josef weg.

gegangen sein müssen, wie etwa die ausführliche Darlegung über den Messianismus in Abraham bar Chijas »Buch des Offenbarenden« aus dem frühen 12. Jahrhundert[1]. Aber seit Maimonides ist diese Tendenz nicht mehr aus der Vorderfront der innerjüdischen Auseinandersetzungen verschwunden.

Diese miteinander ringenden Tendenzen des apokalyptischen und des rationalistischen Messianismus stecken ihre Grenzen, wie verständlich ist, durch entgegengesetzte Verfahren bei der biblischen Exegese ab. Die Exegese wird ein Kampfmittel im Aufbau und Abbau der Apokalypse. Die Apokalyptiker können gar nicht genug bekommen an biblischen Worten, die sich nach ihnen auf die Endzeit, ihren Anbruch und ihren Inhalt beziehen. Nicht nur Dinge, die offensichtlich davon handeln, sondern vieles andere, und je mehr desto besser, wird dafür herangezogen. Je bunter, je voller das Bild, desto größer die Möglichkeit der dramatischen Montage der einzelnen Stadien und der Fülle des Inhalts der Erlösung. Es hat an Mystikern nicht gefehlt, die aus ihren Voraussetzungen über den prinzipiell unendlichen Sinngehalt der Schrift die Folgerung gezogen haben, daß eine dieser Sinnesschichten in jedem biblischen Wort einen Hinweis oder eine Präfiguration des messianischen Endes enthält, womit die apokalyptische Exegese nun auf alles angewandt werden konnte. Wir besitzen eine solche fast durchgeführte Erklärung über den Psalter

1 *Megillath ha-Megalle*, ed. Adolf Poznanski und Julius Guttmann, Berlin 1924.

aus der Zeit kurz nach der Vertreibung aus Spanien, als die apokalyptischen Wellen in den aufgewühlten Herzen besonders hochgingen [1].

Das Verfahren ihrer Gegner ist genau umgekehrt. Sie suchen so viel nur immer möglich nicht mehr auf Messianisches zu beziehen, sondern auf andere Verhältnisse. Typologie ist ihnen in der Seele zuwider. Die Weissagungen der Propheten sind großenteils durch Ereignisse zur Zeit Esras, Serubabels, der Makkabäer und der Zeit des zweiten Tempels überhaupt erfüllt. Viele Stücke, die von den einen auf den Messias gedeutet wurden, stellen Weissagungen auf das Schicksal des jüdischen Volkes überhaupt dar (wie jenes berühmte Jesaja-Kapitel 53 vom leidenden Gottesknecht). Die Tendenz ist also, den Geltungsbereich des Messianischen soviel wie möglich einzuschränken. Hierzu kommt freilich ein apologetisches Moment, dessen Wirksamkeit nicht zu unterschätzen ist. In den theologischen Auseinandersetzungen mit den Ansprüchen der Kirche standen die Vertreter der rationalen Tendenzen im Vordergrund. Je mehr die Bibel-Exegese das rein messianische Element beschränken konnte, desto besser für die oft genug von äußerer Gewalt erzwungenen Verteidigungen des jüdischen Standpunkts. Die Apokalyptiker aber waren an Apologetik überhaupt nicht interessiert. Ihr Denken vollzieht sich jenseits solcher Auseinandersetzung an der Grenze, und nicht um Sicherungen der Grenzen ist es ihnen zu tun. Dies ist zweifellos der Grund, warum

1 Vergl. meine Jüdische Mystik, S. 271–272.

die Äußerungen der Apokalyptiker oft echter und freier erscheinen als die ihrer Gegner, bei denen die diplomatischen Bedürfnisse der antichristlichen Polemik oft genug hineinspielen und den Durchblick auf die echten Motive ihres Denkens nicht immer freigeben. In seltenen Figuren vermischen sich beide Richtungen. Die bedeutendsten Kodifikationen der messianischen Idee im späteren Judentum sind die Schriften des Isak Abarbanel (um 1500) und das Werk »Der Sieg Israels« des »Hohen Rabbi Loew«, Juda Loew ben Bezalel von Prag (1599). Ihre Autoren sind keine Visionäre sondern Schriftsteller, die sich bemühen, das in so widersprechenden Traditionen überlieferte Gedankengut einheitlich zusammenzufassen, wobei sie den apokalyptischen Traditionen trotz ihrer sonst eher zurückhaltenden Art weitgehenden Spielraum gegönnt haben.

6

Ich habe hier versucht, die Bedeutung zweier großer Strömungen für das Verständnis der messianischen Idee im Judentum zu beleuchten. Ich bin dabei nur kursorisch auf die spezifischen Formen eingegangen, die die messianische Idee im Denken der jüdischen Mystiker angenommen hat und gar nicht auf die spezifische Problematik, die für das Denken der Kabbalisten, denen das Judentum ein *corpus symbolicum*, eine symbolische Darstellung der Weltrealität und der Aufgabe des Menschen in ihr, mehr als irgend etwas anderes war, die Frage der Erlösung annehmen mußte.

Ich bin darauf an anderen Orten eingegangen und will mich hier nicht wiederholen[1]. Für sie entsteht selbstverständlich die Frage nach der mystischen Bedeutung der Erlösung, in der sich die wahre Bedeutung des Vorgangs erst eröffnet, den sie im übrigen im Sinne des hier eingangs Gesagten durchaus nicht seines historischen, nationalen und gesellschaftlichen Charakters damit entkleideten. Auch für sie entsteht die Frage nach dem Restaurativen und Utopischen in der Erlösung, ist doch gerade bei ihnen die Beziehung des Endes auf den Anfang aller Dinge oft besonders prononciert. Das restaurative Moment erhält hier sehr oft nicht so sehr einen historischen Charakter als den einer Wiederherstellung einer anfänglichen Einheit und Harmonie aller Dinge, die gestört worden ist. Aber es ist schon so, daß eine wiederhergestellte Einheit eben doch nicht nur die ursprüngliche ist, und so nimmt es denn nicht wunder, daß unter vielen Formen das utopische Element sich hier in neuen Formulierungen oder Symbolen Ausdruck schafft. In der Erlösung strahlen vom Innern der Welt her Lichter auf, die bisher überhaupt noch nicht aus ihrer Quelle herausgetreten sind[2]. Es gibt verschlossene Bezirke

1 Vergl. dort, S. 267–275, 305–313, sowie im Eranos Jahrbuch XVII, S. 325–333.

2 Dies ist eine Vorstellung, die besonders der lurianischen Schule geläufig ist, aber auch schon von Moses Cordovero, *Elima Rabbathi*, Brody 1881, f. 46 c/d entwickelt wird. In der älteren Kabbala ist es besonders der nun ununterbrochene *Hieros Gamos* von *Tif'ereth* und *Malchuth*, der unter mystischem Aspekt die messianische Zeit kennzeichnet.

des Göttlichen, die dann erst sich eröffnen, und sie machen den Stand der Erlösung zu einem unendlich reicheren und erfüllteren als jeder Urstand war.
Der utopische Gehalt der messianischen Erlösung als eines nicht-restaurativen Standes der Welt bleibt in der mystischen Tradition des Judentums, bei den Kabbalisten und Chassidim, vor allem auch im Bewußtsein von der – von uns aus gesehen – strikt paradoxen Natur des erneuerten messianischen Seins erhalten, das in vielen Worten der Mystiker ihren Ausdruck gefunden hat. Die Ankunft des Messias selber ist an unmögliche, jedenfalls höchst paradoxe Bedingungen gebunden, niemals wohl melancholischer und menschlich-vertrackter als in dem, einen Gedanken des Sohar zuspitzenden Wort, der Messias werde nicht eher kommen, als bis die Tränen Esaus versiegt sein werden [1]. Unter allen Bedingungen der Erlösung wahrlich die überraschendste und zugleich unmöglichste! Denn die Tränen Esaus sind die, die er nach Genesis 27:38 vergoß, als er von Jakob um den Segen Isaks betrogen wurde. An tiefen Worten dieser Art hat es hier nie gefehlt, und berühmt geworden sind in dieser Art die Äußerungen des Rabbi Israel von Rischin, daß in den Tagen des Messias der Mensch nicht mehr mit dem Mitmenschen hadern werde, sondern mit sich selber, oder jenes abgründige Wort, daß die messianische Welt eine Welt ohne Gleichnisse sein

1 Als Sohar-Zitat bei Benjamin aus Solositz, *Tore Sahab*, Mohilew 1816, f. 56b. Die Formulierung ist eine Zuspitzung einer Stelle im Sohar II, 12b.

werde, »in der das Gleichnis und das Verglichene nicht mehr aufeinander bezogen werden könne«, das heißt also wohl, daß hier ein Sein auftauchen werde, das nicht mehr abbildfähig ist. Dies alles sind Formen, unter denen das Utopische seine fortdauernde Macht erweist, und die Schriften der Kabbalisten sind voll von Versuchen, dessen unergründliche Tiefen zu ergründen.

Ich will aber zum Abschluß dieser Erörterungen noch ein Wort über einen Punkt sagen, der bei Diskussionen über die messianische Idee, soweit ich sehe, im allgemeinen zu kurz gekommen ist. Ich meine damit den Preis des Messianismus, den Preis, den das jüdische Volk für diese Idee, die es der Welt geschenkt hat, aus seiner Substanz hat bezahlen müssen. Die Größe der messianischen Idee entspricht der unendlichen Schwäche der jüdischen Geschichte, die im Exil zum Einsatz auf der geschichtlichen Ebene nicht bereit war. Sie hat die Schwäche des Vorläufigen, des Provisorischen, das sich nicht ausgibt. Denn die messianische Idee ist nicht nur Trost und Hoffnung. In jedem Versuch ihres Vollzuges brechen die Abgründe auf, die jede ihrer Gestalten ad absurdum führen. In der Hoffnung leben ist etwas Großes, aber es ist auch etwas tief Unwirkliches. Es entwertet das Eigengewicht der Person, die sich nie erfüllen kann, weil das Unvollendete an ihren Unternehmungen gerade das entwertet, was ihren zentralen Wert betrifft. So hat die messianische Idee im Judentum das *Leben im Aufschub* erzwungen, in welchem nichts in endgültiger Weise getan und vollzogen werden kann. Die messianische Idee – darf man vielleicht sagen – ist die eigentliche anti-existentialistische Idee. Es gibt, genau verstanden, jenes Konkrete gar nicht, das von nicht-erlösten Wesen vollzogen werden könnte. Das macht die Größe des Messianismus aus, aber auch seine konstitutionelle Schwäche. Die jüdische sogenannte »Existenz« hat das Gespannte, niemals sich wahrhaft Entladende, das nicht Ausgebrannte an sich, das, wo es sich in unserer Geschichte entlädt, mit einem törichten Wort dann als Pseudo-Messianismus verschrien, oder sollte man sagen, entlarvt wird. Die, ich möchte sagen, brennende Landschaft der Erlösung hat den historischen Blick des Judentums wie in einem Brennpunkt auf sich gesammelt. Es ist kein Wunder, daß die Bereitschaft zum unwiderruflichen Einsatz aufs Konkrete, das sich nicht mehr vertrösten will, eine aus Grauen und Untergang geborene Bereitschaft, die die jüdische Geschichte erst in unserer Generation gefunden hat, als sie den utopischen Rückzug auf Zion antrat, von Obertönen des Messianismus begleitet ist, ohne doch – der Geschichte selber und nicht einer Metageschichte verschworen – sich ihm verschreiben zu können. Ob sie diesen Einsatz aushält, ohne in der Krise des messianischen Anspruchs, den sie damit mindestens virtuell heraufbeschwört, unterzugehen – das ist die Frage, die aus der großen und gefährlichen Vergangenheit heraus der Jude dieser Zeit an seine Gegenwart und seine Zukunft hat.

Das Davidschild

Geschichte eines Symbols

I

Symbole entstehen und wachsen aus dem fruchtbaren Boden des Gefühls des Menschen. Wenn die Welt für ihn geistigen Sinn besitzt, wenn all seine Beziehungen zur Umwelt durch den lebendigen Inhalt dieses Sinns bedingt sind, dann und nur dann kristallisiert dieser Sinn sich und manifestiert sich in Symbolen. Eine Wirklichkeit ohne Spannung, eine Wirklichkeit, der im Auge des Betrachters keine spezifische Intention innewohnt, kann ihn nicht in der Sprache der Symbole ansprechen. Sie bleibt ausdruckloses Rohmaterial. Und gewiß bedarf es einer sehr hohen Spannung, um die Vielfalt der Erscheinungen dieser Welt in einfachen, einheitlichen und charakteristischen Formen zu kristallisieren. Geht doch etwas vom Geheimnis des Menschen in seine Symbole ein – sein eigentliches Sein verlangt nach konkretem Ausdruck, und gerade die großen Symbole dienen ihm dazu, die Einheit seiner Welt zum Ausdruck zu bringen.

Gilt das schon für den einzelnen, so in noch höherem Maße von den Symbolen, in denen eine Gruppe, eine Gemeinschaft oder ein Volk seinen Ausdruck findet. Ein Symbol, das die Stimmung einer Gemeinschaft ausdrückt, schließt deren besondere Welt in sich ein. Alles auf dieser Welt kann zum Symbol werden, wenn es nur etwas von der seelischen »Ladung«, dem intuitiven Vermögen hat, das der Welt Sinn verleiht, ihr ein Gesicht gibt und ihr Geheimnis offenbart. Die Gemeinschaft ergreift irgend ein Detail aus ihrer Welt, erschaut in ihm das Ganze und schließt von ihm und durch es auf das Ganze und dessen Inhalt. Je mehr solches Detail von dem Spezifischen der Welt jener Gemeinschaft in sich faßt, um so geeigneter ist es, in ihren Augen zum Symbol zu werden. Und daraus folgt zugleich: ein Symbol muß unmittelbar verständlich sein. Um es zu verstehen, darf es keiner Forschung und Untersuchung bedürfen. Daß dieser Sinn am Symbol in äußerster Abbreviatur und dennoch in seiner Totalität erscheint, das gerade macht es zum Symbol. Symbole dürfen, bei all ihrer Tiefe, keine Rätsel aufgeben. Ein Symbol, das einem Menschen, und gerade einem, der innerhalb der Gemeinschaft steht und an ihren Regungen teilhat, als ein Rätsel erscheint, das entziffert und kommentiert werden muß – ein solches Symbol verdient diesen Namen nicht. Es erfüllt nicht seine Funktion, eine ganze Welt oder eine ganze Tradition in der Sprache der Intuition und in bildhafter Form dem Betrachter zu vermitteln. Ein Symbol, das etwas von einer Geheimschrift an sich hat, die nur denen verständlich wird, die sich darin forschend vertiefen, mag für die Freunde von Antiquitäten oder komplexen Allegorien von Belang sein, aber man darf bezweifeln, ob es zu einer lebendigen Gruppe sprechen und in ihr jenen Impuls erwecken

kann, der nicht von logischer Darlegung oder durchgehaltener Meditation ausgelöst wird, sondern von blitzartiger Erleuchtung.
Dem Symbol wohnt eine emotionale Gewalt inne, sogar wenn es eine Weltansicht in sich kristallisiert und umschließt, die im wesentlichen, ja von Grund auf rationaler Natur ist, wie etwa Hammer und Sichel im Wahrzeichen der Sowjetunion. Gerade jene äußerste Konzentration in der bildhaften Darstellung des Sinnes gibt dem Symbol auch dann eine emotionale Note, wenn der in ihm zum Ausdruck gebrachte Sinn ein durchaus rationaler zu sein sich rühmt. Und wie das Symbol dem Bewußtsein derer, die mit gläubigen Augen darauf schauen, etwas von dem Lebensgefühl übermittelt, das sich in ihm kristallisiert hat, so vermag es andrerseits auch eine zusätzliche und immer tiefere Bedeutung aus dem lebendigen Gefühl derer, die es anspricht, zu erwerben. Und vielleicht darf man sogar vermuten, daß Symbole, denen in einem bestimmten historischen oder geistigen Rahmen keinerlei Sinn innewohnt und die daher zum symbolischen Ausdruck des Lebens einer Gemeinschaft untauglich scheinen, eine gewisse sekundäre Bedeutung durch die Intensität erhalten, mit der sich unter Umständen Menschen an sie hängen.
Solche Überlegungen drängen sich angesichts der Debatten auf, die in der jüngsten Zeit über den Gebrauch des *Magen David*, des »Davidschildes« oder Davidsterns, bei uns geführt worden sind, wo es sich vor allem darum handelte, ob dieses Symbol in die Fahne des neuen Staates Israel aufgenommen werden sollte,

eines Staates also, der seinen Sinn ebenso sehr aus der Vision der Juden von ihrer Zukunft wie aus dem unsagbaren Grauen ihrer jüngsten Vergangenheit schöpft.

Dies Thema des Davidschildes scheint in jeder Beziehung problematisch. Die wissenschaftliche und publizistische Literatur, die sich damit beschäftigt hat, besteht aus einem Wirrwarr von richtigen und phantastischen Behauptungen. Leider kann man sich in keiner Weise auf die Ausführungen der verschiedenen Autoren verlassen, die ihre Erklärungen, die zum Teil höchst phantastisch sind, mit der wirklichen Überlieferung über das Davidschild vermengen, von der sie keinen klaren Begriff haben. Jeder deutet es, wie es ihm beliebt. Der eine sagt: hier haben wir ein Symbol des Judentums vor uns, das heißt des religiösen Inhalts und der Gedankenwelt des Monotheismus; ein anderer sagt: es ist nichts anderes als ein Symbol der jüdischen »Staatlichkeit« oder »Souveränität«, und gerade deshalb kommt ihm ein Platz im Abzeichen des Staates Israel zu. Der eine erklärt es als ein Wahrzeichen der Kriege des von David gegründeten Reiches, der andere als ein Symbol der Harmonie und des ewigen Friedens, der Vereinigung der Gegensätze und ihrer Aufhebung im Prinzip der Einheit. Gemeinsam ist ihnen allen nur die Verwirrung, in die sie geraten, wenn sie einen angeblich traditionellen Sinn dieses Symbols erweisen wollen, und alle verlieren sich dabei in Geschwätz und endlose Spekulationen, denen nichts in der jüdischen Überlieferung entspricht. Freilich ist das Davidschild ein merkwürdiges Symbol, das zur Meditation einlädt, und gelobt sei, der die Tore der Assoziationen nicht verschlossen hat.

2

Wie sieht nun die wahre Geschichte des Davidsterns in der jüdischen Überlieferung aus? Ist er in ihr verwurzelt? Besaß er für weitere oder engere Kreise eine Dignität als Symbol des Judentums oder zumindest als ein jüdisches Symbol? Und wenn nicht – wann erhielt er diese Funktion und Dignität, und aus welchen Umständen heraus? Wenn wir diese Fragen klären wollen, müssen wir zwischen dem Vorkommen des Zeichens selber, das heißt der Gestalt der zwei ineinander verschlungenen gleichseitigen Dreiecke, und zwischen der Geschichte seiner Bezeichnung als Davidschild, die es heute führt, unterscheiden. Denn das Symbol und seine Bezeichnung waren nicht von jeher miteinander verbunden. Die Geschichte des Symbols, seine Laufbahn und Rezeption im Judentum, sind in der Tat von großem Interesse, gerade wenn wir die Erfindungen und Phantasien entfernen, die einige der neueren jüdischen Gelehrten darum gesponnen haben. Das Hexagramm ist kein jüdisches Symbol, und schon gar nicht »das Symbol des Judentums«. Keines der Merkmale eines wirklichen Symbols und seiner Entstehung, wie sie oben beschrieben wurden, trifft auf es zu. Es drückt keine »Idee« aus, erweckt keine uralten Assoziationen, die mit der Wurzelwelt unserer Erlebnisse zusammengewachsen sind, und faßt nicht eine geistige Wirklichkeit auf eine spontan ergreifbare Weise zusammen. Es erinnert an nichts im biblischen oder rabbinischen Judentum und ruft keine Hoffnung hervor. Soweit es überhaupt eine Verbindung mit der Gefühlswelt eines frommen Juden hatte, so auf der Ebene der Ängste und deren Bewältigung durch Magie. Bis zur Mitte des 19. Jahrhunderts ist es keinem Forscher oder Kabbalisten eingefallen, so etwas wie das Geheimnis seines jüdischen Sinnes aufdecken zu wollen. In den Büchern über das religiöse Leben, und so auch in der ganzen chassidischen Literatur, kommt es überhaupt nicht vor, nicht etwa, weil ein solcher Sinn selbstverständlich und gar nicht problematisch gewesen wäre, sondern weil niemand von einem solchen Sinn auch nur geträumt hätte.

Die Figur des Hexagramms, der zwei ineinander verschlungenen Dreiecke, ist bei vielen Völkern verbreitet und geht mit einer anderen Figur, dem Pentagramm oder fünfeckigen Stern, oft eng zusammen. Ein portugiesischer Ethnograph, J. Leite de Vasconcellos, hat 1918 in einer fast unbekannt gebliebenen Monographie »Signum Salomonis« reiches Material über diese Verbreitung des »Siegel Salomos« in allen möglichen Kulturkreisen und Zeiten, gerade außerhalb des Judentums, gesammelt, sei es in seiner Verwendung als protektives Zeichen in der Magie, sei es als einfaches Ornament. Daß es in solcher ornamentalen Verwendung gelegentlich auf jüdischen Denkmälern erscheint, macht es noch nicht zu einem »jüdischen Symbol«. Sogar als Dekoration tritt es nur sehr selten auf jüdischen Altertümern auf. Sein ältestes sicheres Vorkommen läßt sich auf einem Siegel eines Josua ben Assajahu nachweisen, das aus der späteren Königszeit (um 600 v. Chr.) stammt. Dann erscheint das Hexagramm, samt einem deutlich bezeichneten Punkt im Zentrum, erst viel später wieder unter verschiedenen ornamentalen Motiven auf einem Fries, der die bekannte Synagoge von Kapernaum (aus dem 2.–3. Jahrhundert) verziert. Auf dem selben Fries findet sich daneben aber auch die Swastika, und niemand wird deswegen behaupten, daß dadurch die Swastika zu einem jüdischen Symbol würde. Auch auf den Resten der alten galiläischen Synagoge von Tell Hum tritt das Hexagramm neben dem Pentagramm als geometrisches Ornament auf. Auf assyrischen und später auch phönizischen und hebräischen Siegeln kommt mehrfach ein sechszackiger Stern vor, wo von einem Zentralpunkt aus sechs Radien ausstrahlen, was von manchen Autoren mit dem Hexagramm, das ja geometrisch eine ganz andere Konfiguration darstellt, durcheinandergebracht wird. Daneben treten auf solchen Siegeln das Pentagramm und andere Zeichen und Figuren auf, von denen keine als ein spezifisch jüdisches Symbol angesehen werden kann. Auf einer Mauer einer Kultstätte aus der israelitischen Königszeit, die in Megiddo freigelegt wurde, soll ein Hexagramm eingemeißelt sein. Die Photographie zeigt freilich das Emblem in so verwitterter Form, daß es sehr zweifelhaft ist, ob die Deutung nicht der Phantasie der Ausgräber oder einer falschen Rekonstruktion zuzuschreiben ist. Dagegen findet sich ein

echtes Pentagramm auf Siegeln von Ölkrügen aus dem 5. vorchristlichen Jahrhundert, die vielleicht dem Jerusalemer Tempelschatz gehörten. Ob das schon eine spezifische Bedeutung hat, läßt sich in keiner Weise entscheiden.
Auf Darstellungen jüdischer Embleme, wie sie in großer Zahl aus der hellenistischen Zeit in verschiedensten Zusammenhängen erhalten sind (und etwa in Erwin Goodenoughs monumentalem Werk »Jewish Symbols in the Greco-Roman Period« ausführlich diskutiert werden) und die durchweg auf biblische Rituale zurückgreifen oder aus ihnen weiterentwikkelt sind, fehlen sowohl das Pentagramm wie das Hexagramm vollständig. Und gerade hier haben wir es mit wirklich jüdischer Symbolik zu tun, die vor allem von der Menorah, dem siebenarmigen Leuchter, beherrscht wird, in dem man am ehesten ein echtes und in weitesten Kreisen verbreitetes Symbol des Judentums finden kann. Dies Bewußtsein von der überragenden symbolischen Bedeutung der Menorah hat sich auch in späteren Jahrhunderten nicht verloren, obwohl daneben immer deutlicher ein anderes Emblem emporkommt, dessen Ursprung hier nicht diskutiert zu werden braucht, nämlich das der zwei Löwen, die den Baum des Lebens oder den damit assoziativ verbundenen Schrein der Tora festhalten. In diesen Emblemen liegt eine lebendige Beziehung zu spontan begreiflichen Inhalten der jüdischen Vorstellungswelt vor. Während aber das Hexagramm – nicht als christliches Symbol, sondern als dekoratives Motiv – sich etwa an einer ganzen Zahl frühmittel-

alterlicher christlicher Kirchen nachweisen läßt, tritt es kaum je in mittelalterlichen Synagogen oder auf aus dem Mittelalter stammenden Gegenständen des jüdischen Rituals auf. Gerade dieses Erscheinen des Zeichens in christlichen Kirchen, lange bevor es in Synagogen erschien, sollte den Mitgliedern des weit verbreiteten Klans der »Deutobold Symbolizetti Allegoriowitch Mystifizinsky« zur Warnung dienen. So läßt sich der Stoßseufzer verstehen, den vor fast 100 Jahren Jakob Reifmann, einer der großen Gelehrten der jüdischen Aufklärung, ausstieß, der das Davidschild als ein fremdes Reis im Weinberg Israels verdächtigte und auf solche Symbolik den Vers der Schrift anwandte: »Sie mischten sich unter die Völker und lernten ihnen gleich zu tun.«

An Versuchen, dem Davidschild eine besonders vornehme Genealogie zu verschaffen, hat es nicht gefehlt. So hat Moses Gaster behauptet, daß es seine Einführung ins Judentum dem Rabbi Akiba, dem größten Rabbi des 2. Jahrhunderts verdanke, der es als messianisches Symbol im Befreiungskrieg des Bar Kochba, des »Sternensohns«, gegen Hadrian eingeführt hätte. Das ist ebensosehr ein Produkt der Phantasie wie die Meinungen, die seine Einführung auf das im 13. Jahrhundert entstandene Buch Sohar oder den großen Kabbalisten Isaak Luria im 16. Jahrhundert zurückführen. In Wirklichkeit kommt dies Emblem in diesen Schriften überhaupt nicht, geschweige denn als Symbol des Judentums, vor. In der umfangreichen Literatur, die unter Lurias Namen geht, tritt das Hexagramm, als »Siegel Salomos« bezeichnet, ein einziges Mal, und zwar auf einem Amulett auf, ohne in irgendeinem Zusammenhang mit den Ideen zu stehen, die in diesen Schriften entwickelt werden. Dennoch sind die üblichen Nachschlagebücher über Judentum voll von Unsinn über den angeblichen Ursprung des allgemeinen Gebrauchs des Davidschildes aus der lurianischen Kabbala. Max Grunwald, der viel Phantastisches über dieses Emblem produziert hat, schreibt 1923: »Als spezifisch jüdisches Symbol kam dieses ganz international gebrauchte Zeichen erst durch Isaak Luria in Aufnahme. Er erblickt darin das Bild des Adam Kadmon [des Urmenschen in der Welt der göttlichen zehn Sphären oder Sephiroth], wobei die sechs Dreiecke samt dem Sechseck in der Mitte die sieben unteren Sphären darstellen, während die obersten drei darüber zu denken sind.« Man fragt sich umsonst, wo er diese Aufstellungen her hat, denen nichts in irgend einem kabbalistischen Text entspricht. Béla Vajda belehrt uns gar, daß »die Bedeutung des Davidschildes, wie sie im Buche Sohar geschildert wird [das überhaupt nichts darüber weiß!], Lurias mächtige Phantasie stark beinflußt hat; er fand darin seine Weltanschauung mit erstaunlicher Kraft sichtbar gemacht«. Derartige Dinge werden von einem Buch zum anderen abgeschrieben, und man fragt sich, warum niemand sich herbeiließ, die lurianischen Schriften selber zu öffnen und das Symbol und seine angebliche Erklärung dort zu suchen. Freilich hätte er dann gefunden, daß es mit den ganzen Redereien nichts auf sich hat.

Die Antwort auf die Frage, wie diese Gelehrten dazu kamen, ihre eigenen Ausdeutungen mit lurianischen Ideen zu konfundieren, ist klar, einfach und leicht komisch. Sie behaupten nämlich, Luria schreibe für das Ritual des Sederabends, mit dem das Pessachfest eingeleitet wird, vor, die zur Erinnerung an die Knechtschaft in Ägypten bestimmten Gegenstände auf der Sederschüssel so anzuordnen, daß sie ein Hexagramm bilden. In Wirklichkeit steht dort etwas ganz anderes, ohne die leiseste Beziehung auf das Davidschild. Die sechs Objekte auf der Schüssel, welche bei Luria sechs der göttlichen Potenzen entsprechen, sollen danach in der Gestalt von zwei untereinander stehenden Dreiecken angeordnet werden, wie in der hierarchischen Folge des sogenannten Sephirothbaumes. Sie sind nicht etwa miteinander verschlungen, sondern einfach parallel untereinander angeordnet, so daß überhaupt keine Beziehung zum Hexagramm besteht. Als aber im 19. Jahrhundert das Davidschild in immer weiteren Ausmaßen auf fast jedem jüdischen Kultobjekt benutzt zu werden begann, wurden auch »künstlerische« Sederschüsseln nach modernem Geschmack hergestellt, und die von Luria eingeführte Anordnung (die auch in vielen Ausgaben des Sederrituals, der sogenannten Pesach-Hagada erwähnt wird) wurde durchaus willkürlich in die eines Hexagramms transponiert. Auf älteren Sederschüsseln, so noch auf solchen, die aus dem 18. Jahrhundert stammen, fehlt dies Emblem völlig, und statt seiner treten ganz andere dekorative Elemente auf, wie etwa mit Vorliebe die zwölf Tierkreiszeichen, die zwölf Stämme Israels und ähnliches. Die modernen Pseudohistoriker des Davidschildes verwechselten die wirklichen lurianischen Vorstellungen mit dem modernen Muster auf der Sederschüssel, das im 19. Jahrhundert recht populär wurde, und projizierten die moderne Anordnung und ihre Darstellung in der Form des Hexagramms in die lurianische Kabbala zurück.

3

Die wirkliche Geschichte des Davidschildes und seines Aufkommens im Judentum hängt aber mit ganz anderen Momenten zusammen als dem Vorstellungsbereich der kabbalistischen Theosophie und Symbolik. Sie führt uns zu einem Teil in die Welt der jüdischen Magie zurück, die zwar in späterer Zeit gern als »praktische Kabbala« bezeichnet wird, deren Verbindung mit dem Vorstellungsbereich und den theoretischen Lehren der Kabbalisten aber stets überaus locker und äußerlich war. Ich spreche dabei von »praktischer Kabbala« im Sinne des Sprachgebrauchs in der kabbalistischen Literatur selber, nicht in dem durchaus entstellten und übertragenen Sinn, in dem in den letzten zwei Generationen bei allzuvielen Autoren von dem lurianischen System als »praktischer Kabbala« die Rede ist, etwa im Gegensatz zu der angeblich spekulativen Kabbala seines Zeitgenossen und Lehrers Moses Cordovero. Die jüdische Magie, in der auch der Gebrauch von Amuletten und Talismanen eine Rolle spielt, ist natürlich viel älter als die theosophischen Spekulationen der eigentlichen Kabbala.

Auf diesem Gebiet bestand stets eine starke Wechselwirkung zwischen Juden und Nichtjuden, denn nichts ist internationaler als die Magie. Magische Zeichen und Figuren wandern von einem Volk zum andern, so wie auch »heilige«, das heißt unverständliche Namen, und deren Kombinationen in der gelehrten und volkstümlichen Magie, zwischen den Völkern und Religionen hin und her wandern, oft bis ins Unkenntliche entstellt. Solche magischen Figuren – manchmal von ganz expressionistischem Charakter, wie etwa in »Dr. Fausts Höllenzwang« – heißen in der magischen Literatur des Nahen Ostens und Europas meistens »Siegel«. Das geht ebensosehr auf ihre Verwendung auf Siegelringen zurück – die Herstellung solcher magischen Ringe bildete einmal ein ganzes Métier, und wir besitzen Handbücher darüber – wie auf die weitverbreitete Vorstellung, daß der Mensch sich mit Hilfe dieser Zeichen »versiegeln« und vor den Angriffen der Geister und Dämonen schützen kann.
Zwei der wichtigsten Figuren, die solcherart magisch »geladen« wurden, sind das Hexagramm ✡ und das Pentagramm ⛤. In der Praxis war der Übergang von einem zum andern überaus leicht. Verschiedene Exemplare desselben Amuletts werden an der selben Stelle oft einmal das Pentagramm, ein anderes Mal das Hexagramm tragen. Es ist nicht leicht zu sagen, wie alt der Gebrauch bestimmter fester Namen für einige der am meisten verbreiteten Siegel ist. Die Araber, die überhaupt ein stupendes Interesse an allen okkulten Wissenschaften nahmen, haben manche solcher Termini besonders populär gemacht, wie sie

denn auch die Magie lange vor den »praktischen Kabbalisten« systematisch behandelt und dargestellt haben. Aber gerade die Namen »Siegel Salomos« und »Schild Davids«, welche oft unterschiedslos für die beiden Embleme gebraucht wurden, sind nicht bei den Arabern entstanden, die übrigens nur die Bezeichnung als »Siegel Salomos« kennen, sondern gehen auf vorislamische jüdische Magie zurück.
Das Siegel Salomos hängt offensichtlich mit der schon bei Josephus bezeugten Legende von Salomos Herrschaft über die Geister zusammen, in der auch schon früh von einem Siegelring Salomos die Rede war, auf dem ursprünglich freilich nicht ein magisches Emblem, sondern der unaussprechbare Name Gottes, das Tetragrammaton, eingraviert war. Die Gewalt dieses Siegelringes wird in Texten ursprünglich jüdischer und später auch christlicher Magie wie etwa dem »Testament Salomos«, einem in seinem Grundstock sehr alten griechischen Handbuch jüdischer und judenchristlicher Magie, mit großem Aplomb dargestellt. Wann die Inschrift auf dem wunderbaren Siegelring durch eine der beiden Figuren ersetzt wurde, läßt sich zur Zeit noch nicht mit Bestimmtheit sagen. Nur so viel wissen wir sicher, daß das vor dem 6. Jahrhundert, also vor Aufkommen des Islam, stattgefunden hat. Auf einem von Karl Preisendanz beschriebenen Amulett, von dem Exemplare im British Museum und in Leningrad existieren, und das durch christliche Bilder auf der Vorderseite ziemlich genau ins 6. Jahrhundert datiert werden kann, befindet sich auf der Rückseite unter anderem das Bild zweier Löwen, die ein sehr

gut ausgeführtes Hexagramm halten, das auf der Vorderseite ausdrücklich als »Siegel Salomos« bezeichnet wird. Das Bild der zwei Löwen ist ein ursprünglich jüdisches Motiv, das dann auch von Christen übernommen wurde. Ob dieser Name für das Hexagramm hier zuerst bei Juden oder bei Christen aufgetaucht ist, von denen er dann bei den Arabern übernommen wurde, läßt sich noch nicht entscheiden.

Etwa um dieselbe Zeit kann aber auch schon die Vorstellungsreihe bekannt gewesen sein, die das Hexagramm mit dem Namen Davids verband. Das geht aus der Inschrift eines Grabsteins in Tarent in Süditalien hervor, der jedenfalls nicht später als dem 6. Jahrhundert entstammt. Dort befindet sich nämlich, der Inschrift zufolge, das Grab der Frau eines »Leon Sohn des David«, wobei vor dem Namen David ein Hexagramm eingemeißelt ist. Es ist schwer zu sagen, daß das eine bloße Koinzidenz sei, andrerseits kehrt das Zeichen auf keinem anderen alten jüdischen Grabstein aus dem Mittelalter wieder, auch nicht bei dem Namen David. Auf dem Grabmal einer Jüdin im spanischen Tortosa, das ungefähr derselben Epoche angehört, steht am Ende der ersten Zeile, wie die Photographie zeigt, ein doppeltes Pentagramm, dessen Bedeutung im Zusammenhang unklar bleibt.

Welcher Art die Verbindung des Hexagramms mit dem Namen des Königs David gewesen sein kann, ist nicht schwer zu erklären. Wir besitzen nämlich mehrere Texte mittelalterlicher jüdischer Magie, in denen von einem Schild Davids die Rede ist, das ihm magische Protektion gewährte. Der älteste dieser Texte ist eine wohl aus dem Orient oder Süditalien stammende Erklärung eines Geheimalphabets in sogenannter »Sternenschrift«, wie sie auf Amuletten oft verwendet wird. Das betreffende Alphabet soll das des Metatron, des höchsten aller Engelfürsten sein. Es hat sich in mehreren hebräischen Handschriften erhalten. Von einem dieser Buchstaben, der so aussieht:  (wie ein lateinisches V, an dessen drei Ecken drei Kreischen stehen), heißt es, er sei nach Art eines Schildes gebaut, »denn der König David hatte ein Schild, auf dem der Große Name Gottes von dreimal 72 Lettern – eine Kombination heiliger Namen, Kraft dessen, einer alten jüdischen Legende zufolge, Israel aus Ägypten erlöst wurde – eingraviert war und mit dessen Hilfe er stets in seinen Kriegen siegte«. Des weiteren heißt es hier, es sei dort auch ein Bibelvers eingraviert gewesen, dessen Anfangsbuchstaben das Wort Makabi ergeben, und dieses Schild habe sich dann bis auf Juda Makabi, den Helden der Makabäerkriege, vererbt. In anderen magischen Texten, die bei den deutschen Juden im 13. Jahrhundert in Umlauf waren, wie zum Beispiel eine Erklärung der 70 Geheimnamen des Metatron, heißt es ähnlich, aber mit einer Variante, daß unter den Großen Namen Gottes ein anderer Name eingegraben war, nämlich Taphtaphijah, einer dieser Geheimnamen des Metatron. »Und wenn einer in den Krieg zieht und seine Feinde greifen ihn an, soll er diesen Namen aussprechen, und er wird unversehrt bleiben.« Wann nun zu diesen Namen, sei es Makabi, sei es Taphtaphijah, auch die Zeichnung des Hexagramms hinzutrat, die die

Bezeichnung als Schild Davids erklärlich macht, ist auf Grund des bisher bekannten spärlichen Materials nicht festzustellen. Jener Grabstein in Tarent könnte das früheste Zeugnis solcher Assoziation sein. Merkwürdig bleibt dabei, daß fast 700 Jahre vergingen, ehe die Bezeichnung als Davidschild wirklich eindeutig für das Hexagramm in der hebräischen Literatur nachweisbar ist, wie wir sehen werden.

Was aber immer der Name gewesen sein mag, unter dem das Pentagramm oder das Hexagramm gingen, jedenfalls hatte es einen, und nur einen, Sinn in seiner magischen Laufbahn: nämlich als Schutz gegen die Dämonen zu dienen. In diesem Zusammenhang tritt es auch in den magischen Versionen der *Mesusah* auf, die seit dem frühesten Mittelalter bis ins 14. Jahrhundert weit verbreitet waren. Die *Mesusah* ist eine Kapsel, die auf einem Pergamentstreifen ein bestimmtes Stück aus der Tora enthält und nach rabbinischer Vorschrift, die weit in die vorchristliche Zeit zurückgeht, an die Türpfosten eines jeden jüdischen Haushaltes angebracht wurde. Obwohl ursprünglich kaum magischem Schutzbedürfnis entsprungen, konnte die *Mesusah* bei den Adepten der Magie leicht auch solche Funktionen übernehmen. Rabbi Elieser aus Metz berichtet im 12. Jahrhundert, es sei »eine allgemein verbreitete Praxis, der vermehrten Sicherheit des Hauses wegen an das Ende der in der *Mesusah* enthaltenen Bibelverse noch Siegel und Engelnamen beizufügen, und das ist weder geboten noch verboten, sondern dient einfach zum zusätzlichen Schutz«. Es gab aber auch andere Autoritäten, die geradezu entschieden, die *Mesusah* müsse mit diesen Zusätzen im magischen Stil geschrieben werden. Maimonides wendet sich heftig gegen die Extremisten, die die Namen und Siegel nicht nur an die Ränder des eigentlichen *Mesusah*textes schrieben, sondern sie sogar in den Text und zwischen die Zeilen hineinnahmen. Sie haben nach ihm ihre Aussicht auf Seligkeit verloren, »weil sie das große Gebot der Verkündung der Einigkeit Gottes, seiner Verehrung und der Liebe zu ihm [von denen in dem Text der *Mesusah* die Rede ist] dahin pervertierten, daß sie es zu einem Amulett für eigensüchtige Zwecke machten«. Die Siegel in diesen magischen Versionen der *Mesusah*, von denen sich mehrere erhalten haben, sind aber meistens nichts als Zeichnungen des Hexagramms; manchmal, wie auf einer *Mesusah* in der Sammlung Elkan Adlers, bis zu zwölf solcher Hexagramme.

Also nicht als Symbol des Monotheismus begann dieses Emblem seine Karriere in weiteren jüdischen Kreisen, sondern als magischer Talisman gegen die bösen Geister, und das blieb seine hauptsächliche Bedeutung unter den breiten Massen bis in die erste Hälfte des 19. Jahrhunderts hinein. Die erwähnte magische Version der *Mesusah* stammt zweifellos aus dem Babylonien oder Palästina des frühen Mittelalters, ohne daß wir zur Zeit entscheiden können, aus welchem der beiden Länder. Kein Schriftwerk dieser Periode, das die Herstellung der magischen *Mesusah* beschreibt, benutzt einen bestimmten Namen für das Siegel, weder »Siegel Salomos« noch »Schild Davids«. Zwar steht in allen Nachschlagebüchern, der karäische

Gelehrte Juda Hadassi (um die Mitte des 12. Jahrhunderts) habe das Hexagramm zuerst als Davidschild bezeichnet, aber in Wirklichkeit stellt gerade diese Bezeichnung einen Zusatz des Druckers dar, der Hadassis Werk 1836 in Südrußland herausbrachte.
Die magische *Mesusah* geriet im Laufe der Zeit in Vergessenheit. Die beiden Formen des »Siegel Salomos« aber, das Pentagramm und das Hexagramm, erhielten sich in der magischen Literatur aller drei monotheistischen Religionen. Ein Blick in Zauberbücher der Renaissance, wie die »Clavicula Salomonis« oder »Doktor Fausts Höllenzwang« und ähnliche Produkte der Faustliteratur, zeigt, daß sie in vielen Zusammenhängen benutzt wurden. Bis ins 17. Jahrhundert ist gerade das Hexagramm, unter beiden Namen, auf jüdischen Amuletten oder in Beschreibungen solcher Amulette in magischen Handschriften nicht besonders verbreitet. Eine Handschrift solcher Anweisungen, die um 1550 in Italien zusammengestellt wurde, hat auf dem Titelblatt eine Figur, die zwei innig verschlungene Herzen und etliche Davidschilde zeigt. Wenig später (so schon in einer Handschrift von 1586) kennt die Überlieferung der Schüler Isaak Lurias in Safed einen »General-Talisman«, in dessen Beschreibung das Hexagramm als Siegel Salomos bezeichnet wird, während in einer um 1600 geschriebenen jüdisch-deutschen Handschrift (jetzt in Jerusalem) das Pentagramm als »Davidschild mit fünf Ecken« bezeichnet wird, was zeigt, wie wenig fest die Terminologie noch war. Manche solcher Amulette, auf denen das Hexagramm erscheint, gelangten vom

16. Jahrhundert an freilich zu beträchtlicher Popularität, was vor allem von einem Talisman gegen Feuersbrunst gilt, der an allen möglichen Ecken sowohl der Literatur als in Funden auf alten Häusern und dergleichen immer wieder auftaucht und oft beschrieben worden ist.

4

Daneben geht freilich schon seit früharabischer Zeit und ganz im Sinne der bei den Arabern so beliebten Ornamentik die Benutzung des Hexagramms als reine Verzierung. Die massoretischen, das heißt den Text der Bibel betreffenden Überlieferungen in orientalischen Bibelhandschriften sind manchmal in solchen Figuren geschrieben, wobei neben der Figur der Menorah, die ein wirkliches jüdisches Symbol darstellt, auch die des Hexagramms oder Oktogramms benutzt wird, wie auf den von Günzburg und Stassof in ihrem Werk »L'ornement hébraïque« reproduzierten, aus zusammenhängenden Texten gebildeten, in Miniaturschrift geschriebenen Ornamenten. Ob die von den Herausgebern vorgenommene Zuschreibung ans 9. Jahrhundert zutrifft, ist zweifelhaft; eher gehören diese Handschriften, die wahrscheinlich aus Ägypten stammen, dem frühen 11. Jahrhundert an. Aus dem Orient wanderten solche Ornamente in Bibelhandschriften auch nach Europa, und so finden wir am Ende einer 1298 in Deutschland geschriebenen hebräischen Bibel der Pariser Nationalbibliothek, die 1960 auf der Ausstellung »Synagoga« in Recklinghausen zu sehen war, das Hexagramm in höchst verschlungener Ausbildung wieder. Merkwürdig ist, daß im Mittelalter das Hexagramm oft gerade in schiefliegender Stellung bevorzugt wird, sowohl in der ornamentalen Verwendung in christlichen Kirchen (so zum Beispiel auf dem marmornen bischöflichen Thron in dem etwa 1226 erbauten Dom von Anagni) wie auch in hebräischen Handschriften. In dieser Position erscheint es auf einer besonderen Seite in splendider Ausführung unter den geometrischen Ornamenten am Ende der sogenannten Kennicott-Bibel der Bodleiana in Oxford, die kurz vor der Vertreibung der Juden aus Spanien geschrieben und von einem jüdischen Künstler, Joseph ibn Chajim, illustriert wurde. Als Ornament ist das Emblem auch in die Signen gelangt, die öffentliche Beamte mitunter ihren Namen auf Urkunden beifügten. Das gilt aber von Juden und Christen gleichermaßen. Der älteste Nachweis solchen Gebrauchs läßt sich 1190 für einen christlichen Notar in Barcelona führen. In Urkunden über Transaktionen aragonensischer Juden zeichnet 1226 ein christlicher Notar der Stadt mit dem Hexagramm, dasselbe tut dort aber 1248 ein jüdischer Finanzbeamter (Baile), der freilich Vidal Salomo heißt, so daß man vermuten könnte, er habe sich dieses Zeichen als »Siegel Salomos« zugelegt. Andrerseits tritt es, ohne Verbindung mit dem Namen David oder Salomo, auch auf dem Siegel eines deutschen Juden auf, der eine offizielle Funktion als Finanzmann beim Erzbischof von Trier bekleidete, und dessen Siegel sich auf einer Urkunde aus dem Jahre 1347

befindet. Hier steht rings im Kreise der hebräische Name Jakob ben R. Nathanel (im lateinischen Text: Daniel), im Kreis selber aber ein Hexagramm und in dessen Zentrum ein sechsstrahliger Stern – das einzige bisher bekannte Beispiel für diesen Gebrauch auf Siegeln deutscher Juden dieser Periode.
Bis ins 13. Jahrhundert existiert kein eindeutiger Beweis dafür, daß das Hexagramm mit der oben erwähnten Legende von Davids Schild zusammengebracht wurde. Daß der neue Sprachgebrauch aus diesem Zusammenhang heraus entstanden ist, läßt sich aber mit Sicherheit aus seinem ersten nachweisbaren Auftreten in der jüdischen Literatur folgern. Der erste Kabbalist, der von dem Schilde Davids im Zusammenhang seiner Kriege spricht und sich dabei offenbar auf jene Legende bezieht, ist Joseph Gikatilla in seinen »Pforten der Gerechtigkeit« (1280–90). Gikatilla, der dies magische Schild ebenfalls, wie die alte Quelle, mit der Prädikation Gottes als »Schild Davids« in einem sehr populären altjüdischen Gebet zusammenstellt, gibt keine Beschreibung seines Aussehens. Das ändert sich aber wenige Jahre später. Kurz nach 1300 wurde in Spanien ein kabbalistisches Werk namens *Sepher ha-Gebhul,* »Das Buch von der Grenze«, verfaßt, dessen Autor David ben Jehuda väterlicherseits ein Enkel des großen katalanischen Kabbalisten Moses ben Nachman, mütterlicherseits ein Nachkomme des aus der Geschichte des mittelalterlichen deutschen Chassidismus berühmten Jehuda des Frommen war. Sein Werk, das nur handschriftlich erhalten ist, stellt einen Kommentar zu einem Teil des Sohar, des wich-

tigsten Buches der Kabbala, dar. Hier findet sich an zwei Stellen die Figur des Hexagramms, beide Male in der Überschrift ausdrücklich als »Davidschild« bezeichnet. Unter der Zeichnung steht der magische Name Taphtaphijah, genau wie auf den oben erwähnten Beschreibungen des Schildes Davids in magischen Texten der deutschen Juden des 13. Jahrhunderts. In einigen der Handschriften des Buches steht statt des Hexagramms gerade hier ein Pentagramm, andrerseits hat sich diese Verbindung des Hexagramms mit dem Engelnamen Taphtaphijah in Sammlungen magischer Vorschriften und Amulette aus dem 15. bis 17. Jahrhundert erhalten, wie zum Beispiel in den Handschriften der Enzyklopädie der praktischen Kabbala, die der italienische Kabbalist Moses Sakkuto im 17. Jahrhundert zusammenstellte und in der das Emblem sonst keine Rolle spielte. Später ersetzte man dann den Engelnamen des öfteren durch den Gottesnamen Schaddai, und silberne Amulette mit dieser Zeichnung und Inschrift waren bei orientalischen und europäischen Juden weit verbreitet. Die Beziehung des Emblems auf das Schild Davids hängt aber gerade mit der älteren Form zusammen.

Es ist in diesem Zusammenhang interessant, daß vom späten Mittelalter an auch eine ganz andere Tradition über das Emblem auf dem Schilde des Königs David im Umlauf war. Isaak Arama, ein berühmter spanisch-jüdischer Autor, behauptet um 1470, auf dem Wappenschild Davids sei der Psalm 67 in der Form einer Menorah eingezeichnet gewesen. Hier haben wir also die bemerkenswerte Kombination der Menorah mit dem Motiv des Davidschildes, wenn auch nicht im Sinne des späteren Sprachgebrauchs. Immerhin bricht hier das Gefühl durch, daß das Davidschild eine wirkliche symbolische Repräsentation des Judentums enthalten haben mußte, wie sie eben die Menorah legitimerweise darstellt. Die Sitte, Psalm 67 in der Form des siebenarmigen Leuchters zu schreiben – er heißt oft geradezu der Menorahpsalm – erlangte vom 15. Jahrhundert an weite Verbreitung. Man begann, den so geschriebenen Psalm an allen möglichen Orten, zum Beispiel vor dem Pult des Vorbeters in den Synagogen, anzubringen, und die Kabbalisten ergingen sich in überschwänglichem Preis seiner spezifischen Schutzwirkung als Talisman. Am Ende eines Büchelchens, das in Prag um 1580 unter dem Titel »Die goldene Menorah« gedruckt wurde, lesen wir: »Dieser Psalm zusammen mit der Menorah deutet auf große Dinge hin . . . und der König David pflegte, wenn er zum Kriege auszog, diesen Psalm in der Form einer Menorah, auf einer goldenen Platte eingraviert, auf seinem Schild zu tragen und über sein Geheimnis zu meditieren, und dadurch errang er den Sieg.« Jedenfalls scheint es, daß das Hexagramm als magisch geladenes Zeichen auf dem Davidschild eine größere Attraktion ausübte, bis es schließlich die Menorah auf dem Schlachtfeld der modernen jüdischen Symbolik besiegte.

Wie sehr das Schild des Königs David die Mystiker beschäftigte, zeigt sich auch an der späteren Legende, die der ägyptische Chronist Joseph Sambari noch

1676 von David Reubeni erzählt, der um 1530 als angeblicher Abgesandter der unabhängigen jüdischen Stämme in Arabien bei den Juden Italiens so großes Aufsehen machte, weil er den Messianismus mit weltlichen, ja geradezu militärischen Unternehmungen zu verbinden suchte. »Er machte Fahnen und produzierte ein Schild, auf dem heilige Namen geschrieben waren, und gab es als das Schild Davids, des Königs von Israel, aus, mit dem er die Kriege Gottes führte. Es heißt, daß dieses Schild noch heute in der Synagoge von Bologna aufbewahrt werde.« In welcher Form die »heiligen Namen« auf dem Schilde angeordnet waren, erfahren wir hier nicht, und es liegt kein Beweis dafür vor, daß es sich dabei um die Figur des Davidschildes in seiner jetzt rezipierten Form handelte.

Seit seinem ersten Auftreten um 1300 finden wir die Bezeichnung Davidschild statt Siegel Salomos hier und da in handschriftlichen Sammlungen »praktischer« Kabbala noch vor der Vertreibung aus Spanien. 1506 erwähnt der Autor des *Schuschan Sodoth*, einer kabbalistischen Kompilation aus älteren Quellen, die Herstellung eines magischen Ringes mit der »Figur des Davidschildes«, ohne anzugeben, worin diese Figur besteht, offenbar weil seinen Lesern der Begriff schon vertraut war. Auf den Amuletten eines berühmten Magiers in Polen, des Rabbi Joel Baalschem (um 1650), erscheint das Zeichen mehrfach, und auch der Name ist ihm geläufig. Allmählich wurde er auch bei den Christen bekannt, soweit sie sich für Jüdisches interessierten, besonders in Deutschland und

Italien. Vielleicht hatte das Aufkommen der neuen Bezeichnung auch Einfluß auf die langsam einsetzende Differenzierung des Sprachgebrauchs, wo dann das »Siegel Salomos« das Pentagramm bezeichnet, während es vorher für beide Figuren stehen konnte. Noch 1674 behauptet der christliche Hebraist Johann Christoph Wagenseil, daß im Sprachgebrauch der deutschen Juden das Hexagramm als Siegel Salomos gelte. Seit dem Anfang des 18. Jahrhunderts finden wir den Ausdruck Davidschild aber schon in seiner fixierten Bedeutung, und auch die Christen beginnen ihn in diesem Sinne zu verwenden. 1708 erscheinen in Wittenberg zwei Disputationen »de Clypeo Davidis« von David Theodor Lehmann. Lateinische und deutsche Broschüren dieser Zeit bringen allegorische Erklärungen im Geiste der Alchemisten dafür vor, so etwa das in Berleburg, einem bekannten Zentrum christlicher Theosophie, 1724 erschienene »Naturae naturantis et naturatae Mysterium, das ist Geheimniß der Natur im Schild Davids«. Solche Erklärungen wurden auch durch die alchemistische Zeichensprache nahegelegt, wo das eine Dreieck als Signum für Wasser, das umgekehrte Dreieck als Signum für Feuer benutzt wurde, so daß die sich durchdringenden Dreiecke die Harmonie der gegensätzlichen Elemente darstellen konnten. Diese Durchdringung bringt, nach vielen Alchemisten, das »feurige Wasser« *Esch-Majim* hervor, wobei ein altes talmudisches Wortspiel über das hebräische Wort für Himmel, *Schamajim*, eine Rolle spielte. Von diesem »feurigen Wasser« ist bei den christlichen Theosophen dieser Zeit, die gern die

Sprache der Alchemie sprechen, viel im Bilde des Davidschildes oder »Signatsterns« die Rede.
Solche Deutungen waren aber den jüdischen Autoren dieser Zeit nicht geläufig. Dafür finden wir bei ihnen Deutungen, die darin das Wahrzeichen des davidischen Hauses finden und solcherart die Magie mit der kabbalistischen Symbolik des »Reiches Davids« verbinden. Dies »Reich« ist bei den Kabbalisten nämlich ein Symbol der zehnten Sephirah im Baum der zehn Emanationen oder Potenzen, in denen sich die Gottheit manifestiert. Diese Sephirah wird in der oberen Welt von dem Corpus mysticum der »Gemeinde Israels«, in der unteren aber vom »Reich Davids« dargestellt. Abraham Chajim Kohen aus Nikolsburg, ein mährischer Kabbalist aus der ersten Hälfte des 18. Jahrhunderts und Sohn eines bedeutenden sabbatianischen Predigers, schreibt 1750 mit Beziehung darauf, es habe zwischen den Wappen der Könige des Nordreiches Israel und denen des davidischen Hauses in Judäa ein Unterschied bestanden. Die ersteren hätten nämlich ein einfaches Dreieck im Wappen geführt, die Könige vom Hause David aber das Hexagramm, um damit anzudeuten, daß sie der Sphäre des »Reiches« zugehören.
In der Tat kehrt diese Symbolik nun in einem überaus merkwürdigen Zusammenhang wieder, in dem die magische Karriere des Davidschildes zugleich ihren Höhepunkt erreicht und, über das Magische hinaus, zu einem Symbol der Vision der messianischen Erlösung wird, von deren Anbruch die Anhänger des kabbalistischen Messias Sabbatai Zwi schon

die ersten Schritte zu vernehmen glaubten. Dieser Umschlag liegt vor allem in den berühmten Amuletten des Rabbi Jonathan Eibeschütz aus Metz und Hamburg vor, um die nach 1750 in der zentraleuropäischen Judenheit ein großer Skandal ausbrach. Schien es doch schier unglaublich, daß einer der größten Schriftgelehrten des Zeitalters sich in den kryptographisch verschlüsselten Amuletten, die er an Gebärende verteilte, als Anhänger der mystischen Häresie der Anhänger des Sabbatai Zwi deklarierte. (Die Debatte scheidet und erhitzt noch heute viele Gemüter!) Alle diese Amulette enthalten, soweit sie bekannt geworden und von seinen Kritikern veröffentlicht worden sind, das Davidschild, und zwar als einziges dort vorkommendes Emblem. In der Mitte stehen Inschriften wie das Wort »Siegel« allein, oder »Siegel des MBD«, »Siegel des Gottes Israels« und dergleichen. In seiner Verteidigung suchte Rabbi Jonathan Deckung hinter einer rein magischen Deutung der Amulette und bestritt deren messianische Symbolik wie auch die Entzifferung seiner Kryptogramme als sabbatianische Konfessionen. Er zog sich auf die Behauptung zurück, alle Worte dort seien nur magische Namen ohne Sinn und Verstand, aus alten heiligen Büchern überkommen, und dürften nicht auf einen möglichen Sinnzusammenhang als ganze Sätze hin entziffert und gedeutet werden. Seine Kritiker sahen die Sache ganz anders an. Die Vorliebe für das Davidschild auf diesen Amuletten schrieb sich nach ihnen daher, daß es für Rabbi Jonathan ein messianisches Symbol der in Sabbatai Zwi verkörperten

Ankunft der Erlösung bildete. Sie verglichen die verschiedenen Varianten der Inschriften auf den Amuletten und deuteten Zeichen wie MBD als Abkürzung von Messias Ben David und dergleichen. Es läßt sich ebensowenig abstreiten, daß die Deutungen der Amulette in diesem Sinn durchaus überzeugend sind, wie es auch nicht verwunderlich ist, daß Rabbi Jonathan, wie die meisten Sabbatianer, sein Geheimnis nicht preisgeben wollte und die Vorwürfe in Abrede stellte. So stehen wir vor der Alternative: war Rabbi Jonathan kein geheimer Sabbatianer, so haben seine Amulette keinerlei symbolische Bedeutung und würden nur ein armseliges Hokus-Pokus darstellen. War er aber Sabbatianer, so müssen wir zugeben, daß das Davidschild für ihn ein sehr sinnvolles Symbol seiner geheimen Vision der Erlösung geworden war, wenn auch vorerst noch ein sehr privates und esoterisches Symbol. Es war nicht nur das Siegel oder Wappen Davids, sondern auch das des »Sohnes Davids«, welcher der Messias ist. Von einem polnischen Kabbalisten, Jesaja dem Sohn des Joel Baalschem, haben wir eine gleichlautende Symbolik des Davidschildes aus derselben Zeit.

Man darf sagen, daß dieser Übergang zu einer neuen Bedeutung des Davidschildes für den heutigen Betrachter etwas Aufreizendes hat. Die moderne Interpretation des Emblems als Symbol der Erlösung, die noch den Titel (und die Titelzeichnung) von Franz Rosenzweigs »Stern der Erlösung« bestimmt hat, verdankt ihr erstes Aufkommen also dem Stammeln der Sabbatianer von der Erlösung, von dem die Buchstabenpermutationen auf diesen Amuletten geheimes Zeugnis ablegen. Es ist mehr als zweifelhaft, ob die Väter der zionistischen Bewegung, als sie das Davidschild auf die Fahne der jüdischen Wiedergeburt schrieben, sich davon Rechenschaft gaben, daß sie sich auch in dieser Hinsicht mit den geheimen Intentionen jener großen Sabbatianer im Einklang befanden, bei denen Orthodoxie und Häresie sich so sonderbar durchdrangen. Den Zionisten wurde von ihren Gegnern immer wieder ihr angeblicher pseudo-Messianismus angekreidet und ihr Unterfangen mit dem der Sabbatianer verglichen. So wäre gewiß auch vielen Zionisten die Aufdeckung dieses geheimen Stammbaums ihres Symbols ein Dorn im Auge gewesen, während andere, die an solcher Verbindung keinen Anstoß nahmen, darin eher einen Ruhmestitel gefunden haben würden. Wie dem auch sei: Die Anhänger der Dialektik, die auch im Wachstum der Symbole zum Ausdruck gelangt, kämen auf ihre Kosten.

5

Ganz anders verläuft die zweite Entwicklungslinie, die bei der Verbreitung des Davidschildes in weiteren Kreisen eine Rolle gespielt hat. Sie hängt mit dem ornamentalen Gebrauch des Zeichens zusammen, von dem schon die Rede war, und besonders mit seiner Verwendung auf den amtlichen Siegeln einiger jüdischer Gemeinden. Hierher gehört wohl auch sein Gebrauch als Druckerzeichen, der von A. Yaari in seinem Werk über die hebräischen Druckerzeichen genauer studiert worden ist. Auch dieser Usus war ursprünglich nur wenig verbreitet. Bis zum Anfang des 19. Jahrhunderts tritt es nur an wenigen Stellen auf. Etwa 1492 benutzt es Elieser Toledano in einem Lissaboner Druck des Pentateuchs, der erst jüngst als Inkunabel erkannt worden ist. Von 1493 an benutzt es der Drucker David ibn Nachmias in Konstantinopel, ohne daß die Assoziation auf den Namen David dabei ausschlaggebend gewesen sein müßte. Vor allem kommt es auf einigen der frühesten Prager hebräischen Drucke vor, so auf dem Titelblatt des ersten solchen Buches, das Ende 1512 dort herauskam. Dort erscheinen allerlei Figuren, der Wasserkrug der Leviten, Löwen und ein Hirsch, während ein sehr großes Davidschild den meisten Platz einnimmt. Oberhalb und unterhalb davon steht je eine Königskrone. Auch auf dem Titelblatt eines Gebetbuchs für die Festtage (Machsor) von Prag 1522 erscheint das Wappenschild der Stadt neben einem andern, in das ein kurvenliniges Davidschild eingezeichnet ist. Auf einem 1540 dort gedruckten Buch hält ein Cherub ein solches Wappen mit einem geradlinigen Davidschild in der Hand. All dies mag schon mit der besonderen Funktion zusammenhängen, die das Emblem in der Prager Gemeinde erhalten hatte. Sonst tritt es als Druckerzeichen vor allem in der Familie Foa auf, die viele Generationen lang in Italien und Holland tätig war. Schon 1551 benutzt ein Foa in Sabionetta ein solches Zeichen, in dem ein Davidschild zwischen den Zweigen einer Palme steht, die ihrerseits von zwei Löwen gehalten wird – wohl das übliche Symbol des Lebensbaums und der zwei Löwen, das wir schon kennengelernt haben. Bis 1804 ist es dann auf vielen Drucken dieser Familie nachweisbar, die offenbar eine besondere Beziehung zu dem Emblem hatte, da es auch in der von ihr in Italien errichteten Synagoge und auf den dort gebrauchten Ritualgegenständen wiederkehrt. Ob es hier als reines Ornament diente oder eine besondere Bedeutung damit verbunden war, wissen wir nicht. Der Name David spielt dabei keine besondere Rolle. Kein anderer Drucker benutzt es in dieser Zeit, und es ist evident, daß keiner darin ein Zeichen von allgemein jüdischer Bedeutung erblickte. Als ein russischer Drucker, Israel Jaffe in Kopys, es 1804 benutzte, hatte er sein Druckerzeichen einfach dem der Familie Foa nachgemacht, das er in vielen Drucken gesehen haben muß und das ihm gefiel. Andere Drucker des frühen 18. Jahrhunderts, wie etwa die in der kleinen jüdischen Gemeinde Wilhermsdorf in Franken, imitierten zwar das Zeichen der Familie Foa, ließen aber gerade das Davidschild aus, obwohl sie die übrigen Embleme beibehielten. Offenbar sagte es ihrem Gefühl nichts.

Vor dem Aufkommen der Buchdruckerkunst tritt das Hexagramm in Fortsetzung der orientalischen Tradition schon manchmal in hebräischen Handschriften auf, die in Italien und Deutschland im 14. Jahrhundert geschrieben wurden. So besitzt die Schocken-Bibliothek in Jerusalem eine illustrierte Hagada aus dem frühen 15. Jahrhundert, wohl nordwestdeutschen Ursprungs, wo in passendem Zusammenhang sich die Zeichnung eines Mannes befindet, der eine kreisrunde Mazzah hält, in die ein sehr elaborat ausgeführtes, doppelliniges und verschlungenes Davidschild eingezeichnet ist. Dasselbe Motiv kehrt in anderen Illustrationen zum Ritual des Sederabends in italienischen Handschriften der Mitte des 15. Jahrhunderts wieder und ist noch in manchen späten Drucken der Seder-Hagada beibehalten, wie in einer venezianischen Hagada des 18. Jahrhunderts, die ich gesehen habe.

Während dies mehr auf eine verspielte Ornamentik weist, tritt kurz nach 1250 zum ersten Male ein Hexagramm mit schiefstehenden Basen im Giebelfenster eines noch stehenden Hauses in Hameln auf. Dieses Haus war aber, wie durch Urkunden erwiesen ist, die Synagoge. Hier ist also, soweit wir wissen, zum ersten Male die in so vielen gotischen Kirchen vorkommende Ornamentik auch auf ein jüdisches Gotteshaus übertragen. In anderen alten Synagogen außerhalb Böhmens ist das Emblem bisher nicht nachgewiesen. Dort ist es auf den Mauern der Synagoge von Budweis, dessen Juden schon 1506 vertrieben wurden, zu finden, die bei Ausgrabungen aufgedeckt wurden. Wahrscheinlich gehörte der Bau ins 14. Jahrhundert. Damit kommen wir aber schon auf die besondere Bedeutung, die das Zeichen bei den böhmischen Juden erhielt.

Der »offizielle« Gebrauch des Hexagramms als Zeichen einer jüdischen Gemeinschaft hatte seinen Ursprung nämlich in Prag und hat sich von dort aus, vor allem im 17. und 18. Jahrhundert, auch nach anderen Gemeinden und Gebieten in Ost und West

verpflanzt. Wir können nichts Sicheres darüber mehr ausmachen, ob die Juden selber dies Zeichen auf ihren Fahnen und Siegeln gewählt haben oder ob es ihnen von den christlichen Behörden aufoktroyiert wurde. Beides ist möglich. Aber auch, falls hier Zwang gelegen haben sollte, wurde daraus bald eine feste Gewohnheit, und das Zeichen, das im Volksmund der Prager Juden stets als Davidschild (*Magen David*) bezeichnet wurde, gelangte bei den Juden Böhmens und Mährens zu großer Beliebtheit.
In Regesten alter Urkunden zur Geschichte der Juden in Prag, deren Originale vor fast 250 Jahren verbrannt sind, heißt es, daß der Kaiser Karl IV. den Prager Juden 1354 als Beweis seines besonderen Wohlwollens das Privileg verliehen habe, eine Fahne zu führen. Diese Judenfahne gehört keineswegs der Legende an, sondern wird mehrfach in der Geschichte der Prager Juden als etwas ganz Bekanntes erwähnt. Als 1527 der Kaiser Ferdinand I. in Prag einzog, erließen die Stadtbehörden die Verfügung, die Juden sollten ihm »mit ihrer Fahne« entgegenziehen. Auf dieser Fahne nun befand sich ein großes Davidschild – nicht etwa, wie es in manchen Büchern heißt, zusammen mit einem Pentagramm oder Drudenfuß. Sollten die Prager Juden schon damals in dem Emblem das Wappenschild des Königs David gesehen haben, im Einklang mit der alten, bei den deutschen Juden verbreiteten magischen Tradition, von der oben die Rede war, so dürfte man annehmen, daß sie es selbst gewählt und voll Stolz sozusagen auf das Schild erhoben haben. Angesichts der kontinuierlichen Tra-

dition des Zeichens bei den Prager Juden läßt sich immerhin vermuten, daß hier in der Tat ein bewußtes Emblem jüdischen Stolzes, gleichsam eine Erinnerung an vergangene Herrlichkeit vorlag, die von jener magischen Überlieferung genährt wurde. Die alte Fahne selber ist nicht erhalten, sie wurde aber, als sie im Laufe der Zeit beschädigt wurde, im Jahre 1716 durch eine neue ersetzt, die seither in der Prager »Altneuschul« aufbewahrt wurde und noch heute in dieser Synagoge gezeigt wird. Nach der jetzigen Inschrift wäre sie ursprünglich im Jahre 1357, nicht 1354, verliehen worden. 1598 bewilligte der Kaiser Rudolf II. in einem Gnadenerlaß dem angesehenen Prager Juden Mordechai Meisel das Recht, in der von ihm errichteten neuen Synagoge »ein Duplikat der Fahne des Königs David anzufertigen, wie sie in der alten Schule sich befindet, und sie öffentlich bei Umzügen zu benutzen«. Offenbar zollten die Behörden der Fahne mit dem Davidschild nicht weniger Respekt als die Juden. Im Jahre 1716 wurde den Vorstehern der Gemeinde sogar eine Geldstrafe auferlegt, weil sie für die alte Fahne nicht genug Sorge getragen hätten, so daß sie in Verfall geraten sei!
Von einer ähnlichen Judenfahne hören wir beim Einzug des Mathias Corvinus, König von Ungarn, in Budapest 1476. Dort zogen die Juden ihm – wie der Chronist berichtet – mit einer roten Fahne, auf der »ein fünfeckiger Drudenfuß und unter ihm zwei goldene Sterne über einem Judenhut« abgebildet waren, entgegen. Ob die goldenen Sterne etwa Hexagramme waren, bleibt unklar, wäre aber möglich. Der hier

darunterstehende Judenhut ist später in Prag in den Innenraum des Davidschilds hinein versetzt worden und scheint dann fälschlich von der jüdischen Legende Prags als Schwedenhut gedeutet worden zu sein. Auch hier ist das Nebeneinander von Pentagramm und Hexagramm auf Judenfahnen, die bei offiziellen Gelegenheiten entfaltet wurden, charakteristisch. Es ist noch keine Entscheidung über die Festlegung auf eines der beiden Zeichen gefallen.
In Prag aber erhielt sich offenbar von jeher eine feste Tradition, in der das Hexagramm das Übergewicht über das Pentagramm behauptete. Von dem Davidschild auf dem Titelblatt des ältesten hebräischen Druckes in Prag war schon die Rede. Nach mehr als tausend Jahren erscheint es zum ersten Mal auch wieder auf einem Grabstein auf dem alten jüdischen Friedhof, wo das Grab des seiner Zeit sehr berühmten Chronisten David Gans von 1613 an der Spitze ein großes Davidschild trägt; hieß ja auch sein letztes Buch, das 1612 erschien, »Schild Davids«. Sonst ist es gerade auf Grabsteinen auch in Prag nicht üblich. Dagegen muß es, wohl im Einklang mit der Verwendung auf der Fahne, schon früh auf das Gemeindesiegel geraten sein. 1627 bestätigte der Kaiser Ferdinand II. dies alte Siegel, wo zwischen den Winkeln der zwei Dreiecke die sechs Konsonanten des hebräischen Wortes Magen David stehen. Die Buchstaben sind zwar auf den Photographien dieses alten Siegels ganz klar, dennoch hat es nicht an Superklugen gefehlt, die die Konsonanten als MGSDRD lasen und darin das Wort Magistrat finden wollten! Von etwa

1600 an erscheint das Zeichen in Prag auch an allen möglichen Stellen in öffentlicher Verwendung, so auf Siegeln jüdischer Vereine und Privatleute, an Synagogenbauten, auf den Verzierungen des eisernen Gußwerks um den Almemor, den erhöhten Platz im Zentrum der Synagoge, wo die Tora vorgelesen wurde, auf dem Turm des jüdischen Rathauses und dergleichen. Aber noch als 1622 der Kaiser dem Jakob Bassevi von Treuenberg, dem ersten Juden Prags und der Habsburgischen Monarchie überhaupt, der geadelt wurde, ein Wappen verlieh, enthielt es nicht etwa ein Davidschild, sondern auf einem schiefen Band, das über das Wappen lief, drei Pentagramme, die also immer noch mit dem Davidschild als eine Art jüdisches Zeichen in Konkurrenz gelegen haben müssen. Nach der Überlieferung der Prager Juden kam 1648 mit kaiserlicher Erlaubnis der Schwedenhut ins Zentrum des Davidschildes, angeblich als Belohnung für die Hilfe der Prager Juden bei der Zurückschlagung des schwedischen Angriffs auf die Stadt während des 30jährigen Krieges. In Prag ausgestellte hebräische Gemeindeurkunden tragen dieses Siegel nun in dieser Form, wie zum Beispiel die Urkunde über die Ernennung des großen Büchersammlers Rabbi David Oppenheim zum Oberrabbiner (vom 24. Mai 1702), deren hebräisches Original sich in der (zweiten) S. Kirschsteinschen Sammlung befand und in deren Katalog (1932) reproduziert ist.

Von Prag aus verbreitete sich der Gebrauch des Davidschildes als heraldisches Zeichen bei den jüdischen Gemeinden in Österreich, Böhmen und Mähren.

Diese Wanderung des Emblems beginnt vor allem im 17. Jahrhundert. Auf dem Siegel der jüdischen Gemeinde von Wien erscheint es zuerst in einer Urkunde von 1655. 1656 finden wir auch zum ersten Mal eine klare Gegenüberstellung von Kreuz und Davidschild als Zeichen der beiden Religionen: es hat sich nämlich der Grenzstein zwischen der Judenstadt von Wien und der Christenstadt erhalten, auf dem nicht etwa das Wappen der Stadt Wien, sondern das Kreuz dem Davidstern gegenübertritt, wobei beide in gleicher Größe in den Stein eingemeißelt sind. Hier ist es also zuerst, wie Paul Diamant bemerkt hat, als ein Symbol des »Judentums«, nicht einer einzelnen Gemeinde nur, dem christlichen Symbol gegenübergestellt. Als die Juden Wiens 1670 vertrieben wurden und sich über Mähren, Süddeutschland und Preußen verstreuten, nahmen sie das Abzeichen oft auch an ihre neuen Wohnorte mit. Die Einflüsse aus Wien und aus Prag, die in der gleichen Richtung tendieren, verstärkten sich gegenseitig. Die Wiener Exulanten führten das Davidschild in Nikolsburg und Kremsier ein; in anderen mährischen Gemeinden, wie Weiskirchen und Eibeschütz, treffen wir es nicht viel später. Zum Teil steht auf diesen Siegeln das Davidschild für sich, zum Teil wird es von einem Löwen gehalten, ein Rückgriff auf ein älteres Motiv, das uns schon vorher begegnet ist. Von 1680 an hat das Davidschild von Prag und Wien aus auch das große jüdische Zentrum in Amsterdam erreicht, wo es zwar nicht die sefardische (»portugiesische«), wohl aber die aschkenasische (»deutsch-polnische«) Gemeinde vom 18. Jahrhundert an in

ihrem Siegel führt, übrigens in der Prager Form mit einem schiefstehenden Schwedenhut im Zentrum. Auch in süddeutschen Gemeinden kommt es vom frühen 18. Jahrhundert an mehrfach zur Verwendung, auf Gemeindesiegeln wie in Kriegshaber bei Augsburg, und in Synagogen wie Schwabach, Sulzbach, Altenkundstadt und Gellenhausen, von denen vor allem in Alfred Grottes Buch »Deutsche Synagogentypen bis Anfang des 19. Jahrhunderts« Photographien veröffentlicht worden sind.
Langsamer scheint sich die Wanderung des Zeichens nach Osten vollzogen zu haben. Hier tritt es auf Gemeindesiegeln, also in amtlichem Gebrauch im 17. und 18. Jahrhundert überhaupt nicht auf, wohl aber hie und da als Ornament bei synagogalen Objekten. Aus Breslau, dessen Judenschaft im Grundstock aus Mähren kam, haben wir um 1720 einen Toramantel mit Reliefstickerei, der in weißem Feld ein großes Davidschild mit Rosetten im Zentrum und den sechs Winkeln enthält. Ein Vorhang vor dem Toraschrank von 1751 enthält zwei große Davidschilde oben und unten, also in sehr sichtbarer Form synagogaler Verwendung. Noch früher ist es unter den Schnitzereien über dem Toraschrein der um 1643 errichteten alten Holzsynagoge von Wolpa bei Grodno erhalten, wo noch viele andere jüdische Motive zur Geltung kommen. Dies scheint ein durchaus vereinzelter Fall. In anderen polnischen Holzsynagogen treffen wir das Emblem erst im 18. Jahrhundert, wie im Fenster der ärmlichen Holzsynagoge von Uzlen in Weißrußland, wo im Mittelpfahl des Fensters eine

ganze Reihe solcher Davidschilde, in einen Kreis eingezeichnet, stehen. Sonst findet sich das Zeichen in Polen, genau wie bei den orientalischen Juden Ägyptens und Marokkos nur in magischen und aus der Magie stammenden Zusammenhängen. Hie und da treffen sich das magische und repräsentative Moment, von dem wir hier gehandelt haben, wie etwa auf dem Grabstein des seiner Zeit hochberühmten aus Podolien stammenden großen Magiers »Doktor Falk«, des sogenannten »Baalschem von London«, der dort 1782 starb. Dort sind die Initialen seines Namens Samuel Jakob Chajim in ein großes Davidschild inskribiert. Solche Verwendung des Zeichens auf Grabmälern ist um diese Zeit immer noch überaus selten und wurde erst viel später populär. Auf dem Friedhof der portugiesischen Juden in Hamburg tritt es zum Beispiel erst 1828 auf.

Das ungefähr war die Laufbahn des Davidschildes bis zum Anfang des 19. Jahrhunderts. Der Hauptantrieb bei der dann einsetzenden großen Ausbreitung des Emblems war offenkundig der Imitationstrieb. Die Juden der Emanzipationsperiode suchten ein »Symbol des Judentums«, so wie sie überall ein Symbol des Christentums vor Augen hatten. Wenn das Judentum nichts mehr war als eine »mosaische Konfession«, wie die groteske Kategorie lautete, unter der wir in der Schule geführt wurden, so schien es ja nur angemessen, daß es wie die anderen Religionen und Konfessionen ein sichtbares Erkennungszeichen haben sollte. Der Hauptanteil bei diesem Prozeß fällt den Synagogenbauten zu. »Als im 19. Jahrhundert der Bau architektonisch bedeutsamer Synagogen aufgenommen wurde und die, größtenteils nichtjüdische, Architektenschaft diese Gotteshäuser nach dem Schema des Kirchenbaus zu erstellen sich bestrebte, glaubte sie sich nach einem Symbol umsehen zu müssen, das dem Kirchensymbol entsprach, und verfiel hierbei auf das Hexagramm. Bei der völligen Hilflosigkeit (auch gelehrter jüdischer Theologen) der Materie jüdischer Symbolik gegenüber, wurde der Magen David zum äußerlichen Zeichen des Judentums erhoben; seine geometrische Gestalt zeigte sich auch für alle architektonischen und ornamentalen Zwecke recht gefügig, und so ist es denn nunmehr seit drei Generationen eine feststehende, bereits durch Tradition geheiligte Tatsache, daß der Magen David für die Juden dasselbe heilige Symbol sei, das Kreuz und Halbmond den anderen monotheistischen Bekenntnissen sind« – schreibt Alfred Grotte, ein seiner Zeit berühmter Synagogenbauer, im Jahre 1922. Um dieselbe Zeit, in der ersten Hälfte des 19. Jahrhunderts, begann das Davidschild sich auch auf Zeremonialgegenständen aller Art einzubürgern, und von Mittel- und Westeuropa ging die Sitte nach Polen und Rußland über. Der Gebrauch des Zeichens auf Amuletten war damals noch weit verbreitet. So machten sich auch die Frommen der alten Schule nicht viele Gedanken dabei. Die Imitation, die in dem Akt der Wahl eines Symbols für die jüdische Religion selber lag, wurde bei ihnen von der magischen Natur des Zeichens überdeckt, das ihnen, und gerade den einfachen Leuten, von vielen Amuletten her vertraut war. Noch 1854 schrieb G. Wolf in Wien, ein tiefer Kenner der Seelenlage der mährischen Juden, daß das ganze Vertrauen, das der fromme Jude dem Davidschild entgegenbrachte, eben auf dem Gefühl des Schutzes und der Sicherheit vor feindlichen Gewalten beruhte. Er wußte nichts davon, daß dieser selbe Jude darin ein Symbol für sein Judentum gefunden hätte. Gerade diese Qualität aber, die dem Zeichen im lebendigen Bewußtsein des Juden abging, konnte ihm kaum durch ebenso wohlmeinende wie nebulose Homiletik später Allegoristen verliehen werden. Doch fehlt es nicht an Beispielen für die Wirksamkeit dieser Emblematik, gerade bei »aufgeklärten« Juden. Heinrich Heine, der seiner Taufe mit völligem Zynismus gegenüberstand, benutzte das Davidschild, statt seines Namens, zur Signatur seiner Pariser Korrespondenzen in der »Augsburger Allgemeinen Zeitung« seit 1840, ein bemerkenswertes und vielsagendes Zeugnis jener »Confessio Judaica«, die seine Biographie durchzieht. Das Zeichen ist nicht etwa ein Zusatz der Redaktion, sondern steht so auch in den Originalen der Aufsätze, von denen sich mehrere in Jerusalem befinden.

So darf man sagen: gerade in den Tagen seiner größten Verbreitung im 19. Jahrhundert diente das Davidschild als sinnleeres Symbol eines Judentums, das selber mehr und mehr der Sinnlosigkeit verfiel. Die Sermone der Prediger waren nicht ausreichend, um dem Zeichen Leben einzuhauchen. Die glanzvolle und leere Karriere des »Magen David« im 19. Jahrhundert ist selber ein Zeichen des jüdischen Verfalls.

Dann kamen die Zionisten. Deren Unternehmen war

mehr noch als auf die Wiederherstellung der alten Glorie auf die Verwandlung und Erneuerung ihres Volkes gerichtet. Schon die am 4. Juni 1897 erschienene erste Nummer der Zeitschrift der Bewegung, die von Theodor Herzl herausgegebene »Welt«, trug das Emblem an der Spitze. Als die Zionisten es seit dem Basler Kongreß als Wahrzeichen wählten, besaß es zwei Eigenschaften, die es Männern, die auf der Suche nach einem Symbol waren, empfehlen mußten. Einerseits war es durch seine allgemeine Verbreitung während des Jahrhunderts, sein Erscheinen auf jeder neuen Synagoge, auf den Stempeln der Gemeinden und der Wohltätigkeitsvereine und dergleichen, jedermann bekannt; andrerseits fehlte ihm im Bewußtsein der Zeitgenossen eine deutliche Verbindung mit religiösen Vorstellungen und Assoziationen. Der Mangel wurde zur Tugend: mehr als es die Erinnerung an vergangene Herrlichkeit heraufrief, sprach es die Hoffnung auf die Zukunft aus, auf Erlösung.

Weit mehr aber als der Zionismus dafür getan hat, dem Davidschild die Weihe eines echten Symbols zu verleihen, haben jene dazu beigetragen, die es zu einem Mal der Erniedrigung und der Schande für Millionen gemacht haben. Der gelbe Judenstern, als Zeichen des Ausschlusses und der schließlichen Vernichtung, hat die Juden auf dem Weg der Entwürdigung und des Grauens, des Kampfes und des heroischen Widerstandes begleitet. Unter diesem Zeichen sind sie ermordet worden; unter diesem Zeichen sind sie nach Israel gekommen. Und wenn es einen fruchtbaren Boden der geschichtlichen Erfahrung gibt, aus dem Symbolen Sinn erwächst, so war er hier gegeben. Manche haben gemeint: das Zeichen, unter dem der Weg der Vernichtung und zu den Gaskammern stand, sollte durch ein Zeichen des Lebens ersetzt werden. Man könnte aber auch ganz anders denken: das Zeichen, das in unsern eigenen Tagen durch Leid und Grauen geheiligt worden ist, ist würdig geworden, den Weg zum Leben und zum Aufbau zu erleuchten. Dem Aufstieg ging der Weg in den Abgrund voraus, und wo es die letzte Erniedrigung erfuhr, gewann es seine Größe.

Die Theologie des Sabbatianismus im Lichte Abraham Cardosos

I

Die Kenntnisse, die man bisher über die sabbatianische Bewegung besitzt, die messianische Bewegung um Sabbatai Zwi (1626–1676), sind außerordentlich dürftig. Wohl haben wir genug historische Nachrichten über das Leben Sabbatai Zwis und die Geschichte seines Abfalls, aber über das eigentlich Entscheidende: die tiefgreifende religiöse Bewegung, die innerhalb des Judentums nach seinem Übertritt vor sich ging, weiß man nur wenig. Die haßerfüllten Polemiken der Ketzerriecher sind eine trübe Quelle. Hier hat sich an der jüdischen Geschichtschreibung bitter jener auffallende Mangel an theologischem Interesse gerächt, durch den sie jeden zurückstößt, der über die Religionsgeschichte des Judentums bei ihr Belehrung sucht. Nirgends tritt es sichtbarer hervor als am Sabbatianismus, daß mehr als der historische Schauplatz einer Bewegung, wie er in historischen Daten zu beschreiben ist, ihr metaphysischer Schauplatz, der sich in ihren theologischen Voraussetzungen eröffnet, den Schlüssel zu ihrem Verständnis liefert. Was eigentlich im Grunde hier mitten im Herzen des Judentums passiert ist, mußte stets unklar und rätselhaft erscheinen, solange man die Theologie dieser Bewegung und ihre Beziehung zu der des zeitgenössischen Judentums ohne sachlichen

Ernst betrachtete. *Die* Theologie des Judentums im 17. Jahrhundert aber war die lurianische Kabbala – bis heute noch eine der stärksten pièces de résistance der Wissenschaft vom Judentum. Und jenen einzigen Religionshistoriker des Judentums – außer Nachman Krochmal, der für diese Periode nicht in Betracht kommt –, den überhaupt ein echtes theologisches Interesse leitete: Abraham Geiger hat die Plattheit seiner Intention an begrifflicher Erfassung jenes Schauplatzes der sabbatianischen Bewegung gehindert. So ging es ihr, wie es lange genug der Gnosis erging: ihr Bild wurde von ihren Gegnern, den Polemikern und Ketzerbestreitern bestimmt. Und daß in solchem Bilde die Tiefe einer, sei es noch so abwegigen Intuition nur zu leicht in seichtes Geschwätz umgeleitet wird, ist der Religionsgeschichte peinvoll bekannt. Selbst als man in neuerer Zeit auf die Schriften der Sabbatianer selber aufmerksam wurde, feierte jener Mangel an theologischem Interesse seinen letzten traurigen Triumph: man benutzte sie wohl in dem, was sie an Dokumentarischem zu liefern imstande waren, das eigentlich Sachlich-Theologische aber blieb links liegen. Bis heute noch ist kein einziger größerer Traktat aus der Feder offener Sabbatianer unverkürzt gedruckt – es existieren deren genug! – und manche Äußerungen der Historiker, mit denen sie über solche theologischen Darlegungen, in denen das Innerste der Bewegung nach Ausdruck ringt, zur Tagesordnung übergehen, sind erstaunlich. So begreift sich die Unsicherheit, die die geschichtsphilosophische Würdigung dieser Häresie beherrscht.

Von wem die Gedankengänge stammen, von denen hier die Rede sein soll, ist nicht bis ins letzte klar und wird es wohl kaum je werden. Im Grunde ist es gleichgültig. Daß sie von Sabbatai Zwi selbst stammen, ist so gut wie ausgeschlossen. Von ihm scheint, soweit man heute urteilen darf, die Theorie derer herzurühren, die das Judentum verlassen haben – aber die eigentliche Problematik, von der hier gehandelt werden muß, zeigt diese Theorie gar nicht auf, die darauf hinausläuft, daß mit dem Erscheinen Sabbatai Zwis sich die Gottheit auf eine tiefere und unerreichbare Schicht des Seins zurückgezogen und in Sabbatai Zwi die als Gottmensch inkarnierte Sephira *Tiphereth* seinen Platz eingenommen habe. Für die jüdische Geschichte aber haben wirklich tiefe Bedeutung eben nur jene Kreise der sabbatianischen Bewegung, die innerhalb des Judentums geblieben sind, und deren wichtigster Vertreter, Cardoso, hat die Lehre von der Inkarnation des Gottmenschen erbittert abgelehnt.
Abraham Michael *Cardoso* (1627–1706) ist es, auf dessen (unedierten) Schriften die Anschauungen beruhen, die hier vom Wesen der sabbatianischen Theologie entwickelt werden sollen. In Cardoso hat der Sabbatianismus seinen großen Theologen gefunden und die jüdische Literatur einen ihrer bedeutendsten Autoren, so tief zerstörend immer der Antrieb gewesen sein mag, der von ihm ausging. Es ist ein Hohn der Wissenschaft, daß bis heute nie mehr als ein paar zusammenhängende Seiten aus den umfangreichen, fast immer systematischen Schriften dieses wahrhaftesten und überzeugtesten Advocatus diaboli des

Judentums gedruckt sind. Einer Betrachtungsweise von so zweifelhafter Dignität wie der eines Graetz freilich erschienen diese Schriften, die kein Jude, wären sie gedruckt, ohne Erschütterung sollte lesen können, als »zusammengeschmiert«, als »Wiederholungen eines und desselben Themas und *daher* von geringem Interesse« – welch entwaffnende Verständnislosigkeit vor dem Phänomen eines »Apostolats«, das seine Ideen immer wieder von neuen Punkten aus zu entwickeln strebt, spricht nicht aus solcher Logik! Einer auf ihren theologischen Gehalt abzielenden Betrachtung aber werden diese Schriften und in ihnen der jüdische Sabbatianismus, dessen vollkommenster Ausdruck sie sind, sich als das enthüllen, was sie sind: die offenbarste Krisenerklärung des Judentums, die auf dem Boden der Kabbala denkbar ist. *Die Theologie des Sabbatianismus erweist sich als die Konstruktion eines virtuellen gnostischen Antinomismus innerhalb der Welt des Judentums und seiner Lebensordnung, aus einem dialektischen Zerfall der Grundbegriffe der lurianischen Kabbala im marranischen Geiste konzipiert.* Sie erweist sich als die Reaktion des Marranentums auf die Kabbala. Hier ist der wahre Schauplatz dieses Trauerspiels. Wohl als erster hat Carl Gebhardt auf die gefährliche Zweideutigkeit im Geiste des Marranentums mit Nachdruck hingewiesen. Man weiß aus der Responsenliteratur, daß Marranen vor rabbinischen Gerichtshöfen eine theologische »Rechtfertigung für ihr Vorgehen in den Büchern des Alten Testamentes suchten und besonders in Aussprüchen des apokryphen Buches Baruch gefunden zu haben glaubten«. Sie wurden durch ihre geschichtliche Situation zu antinomistischen Perspektiven gedrängt, und es ist undenkbar, die sabbatianische Bewegung zu verstehen, ohne in Betracht zu ziehen, wie sehr der Boden des jüdischen Bewußtseins im Marranentum gefährdet war. Die Krisis, die in der Erscheinung Spinozas nach außen schlug, hat in der sabbatianischen Bewegung ihr dem Innersten des Judentums zugekehrtes Gesicht enthüllt. Wie groß der Anteil Cardosos, der selbst noch Marrane war und seine Jugend und Studienzeit in Spanien verlebte, an der Ausbildung der in seinen Schriften vorgetragenen Lehren ist, läßt sich schwer sagen. Man wird ihn aber wohl recht hoch veranschlagen müssen. Der Sabbatianismus zeigt den dialektischen Punkt auf, an dem im Bewußtsein der Marranen die kabbalistischen Begriffe – und das Judentum im 17. Jahrhundert besaß im Grunde keine anderen – zerbrachen und, wenn man will, umschlugen. Ohne daß irgendein Gebot hier übertreten zu werden schien (man macht sich eine ganz falsche Vorstellung, wenn man sich diese Sabbatianer im Sinne ihrer Gegner als Gesetzesübertreter denkt) und ohne, daß sie darauf ausging, zerfiel dieser Bewegung die religiöse Substanz des Judentums unter den Händen. In ungeheuer kühnen, ja im Bezirk des Judentums revolutionären Konzeptionen suchte man mit kabbalistischen Begriffen einen Neubau aufzuführen, ohne doch zu bemerken, daß seine Bausteine unversehens zu Chimären wurden. An einigen Punkten, an denen dieser Prozeß mit besonderer Eindringlichkeit vor Augen tritt, soll dies hier gezeigt werden: an Cardosos Gotteslehre, seiner Heilsgeschichte und Messianologie, und seiner Morallehre. Von anderem, das sich elementarer Darstellung entzieht, kann in diesem Zusammenhang nicht gehandelt werden.

Elemente eines mystischen Antinomismus finden sich schon in der älteren Kabbala in manchen Schriften, die kanonisches Ansehen genießen, ohne daß dieser ihr Gehalt der vorsabbatianischen Zeit je deutlich zu Bewußtsein gekommen wäre, wenn auch der starke Widerstand, der gegen mehrere Schriften dieser Art bei einzelnen Kabbalisten zum Ausdruck kam, zweifellos auf ein Gefühl von der theologischen Bedenklichkeit der in ihnen entwickelten Gedankengänge zurückging. In der sabbatianischen Bewegung haben sich diese Elemente, die man mit dem untrüglichsten Blick für Verwandtschaft als antinomistisch geladen erkannte, als Dynamit erwiesen, und in der frankistischen Bewegung, dem letzten Stadium des Sabbatianismus, hat dies Dynamit, durch eine kleine Verlagerung entzündet, das ganze Gebäude selbst gesprengt. Für Cardoso und den jüdisch gebliebenen Sabbatianismus ist hier besonders auf das Buch *Temuna* hinzuweisen, das eine mystische Deutung des hebräischen Alphabets im Zusammenhang mit einer rein gnostischen Geschichtsphilosophie vorträgt, von der wir noch nicht wissen, wie sie in der Zeit der Entstehung dieses Buches, im 13. Jahrhundert, ins Judentum hineingeraten konnte. Das Buch lehrt einen Zyklus der Welt in sieben mal siebentausend Jahren. Je siebentausend Jahre sind eine *Schemita*, ein Weltzeitalter. Nach siebentausend Jahren bildet sich die

Welt aus dem Chaos wieder neu und kehrt nach sieben mal siebentausend im Weltenjobeljahr, dem fünfzigsten Jahrtausend, in das Nichts zurück, so daß dann wieder eine Schöpfung aus dem Nichts erfolgt. In allen diesen Zyklen und Aionen bleibt die Tora das absolute Medium der Offenbarung. Sie ist das *corpus mysticum:* der entfaltete Name Gottes. Aber wie wir die Tora lesen, ist abhängig von der betreffenden *Schemita.* Wir leben in der zweiten, dem Aion der Strenge. Was wir heute hebräisch nennen, ist nichts weiter als die Art, wie in ihm die Tora gelesen wird, so daß Gebot und Verbot, rein und unrein in ihr gesetzt werden. In einem anderen Aion wird die Tora ganz anders gelesen werden und eine ganz andere Bedeutung haben. So gab es in dem vorigen, der eine *Schemitath ha-chessed,* ein Aion der Gnade war, überhaupt keine verbotenen Dinge, und im nächsten mag ganz anderes verboten sein als heute. Ja, eine diesem Kreise angehörige Schrift geht so weit zu behaupten, daß das hebräische Alphabet ursprünglich nicht aus 22 sondern aus 23 Buchstaben bestand, daß aber in diesem Aion ein Buchstabe unsichtbar geworden sei, der sich erst dem Messias, der am Ende unseres Aion den Übergang zum nächsten ankündigt, offenbaren und so die Bedeutung der Tora von Grund auf verändern werde. In den Gedankengängen Cardosos spielt die Berufung auf das Buch Temuna und derartige Schriften, die eine große, allein von Moses Cordovero angefochtene Autorität besaßen, eine große Rolle.

2

Wir wissen von der Entwicklung der Kabbala, daß in ihr die Einheit Gottes zwar streng aufrechterhalten wurde, aber in einer für den Laien freilich immer problematischer werdenden Weise. Jene theosophischen Welten der göttlichen Emanationen, welche die Kabbala im Begriff der Sephiroth faßte, erwiesen sich im Sinne der tiefen Intuition der älteren Mystiker zugleich als die Kategorien, in denen die kreatürlichen Dinge geordnet sind, und als die Perspektiven, in denen der tief in die Erscheinung versenkte Blick das Göttliche zu visieren imstande war. Freilich ist die Beziehung dieser Welt von göttlichen Modi *Middoth*, die etwas wie eine unerschaffene mystische Gestalt des Gestaltlosen, des absoluten Wesens, zu konstituieren scheint, zu ihrer unvisierbaren Mitte: der Gottheit selbst, stets nur in paradoxen Begriffen der älteren Kabbala formulierbar geworden. Deren Paradoxie, die in der mystischen Theologie Moses Cordoveros im 16. Jahrhundert die letzte Zuspitzung erfuhr, enthüllt auch hier wie immer ihre Problematik. Dennoch war es ein Leichtes für die Kabbalisten, solcher Problematik zu begegnen, solange die ursprüngliche Einfachheit ihrer theoretischen Konzeption von der »inneren« Welt erhalten blieb, und stets haben sie sich sehr kräftig gegen den nicht ausgebliebenen Vorwurf zur Wehr gesetzt, statt der christlichen Dreieinigkeit eine kabbalistische Zehneinigkeit der Gottheit statuiert zu haben. Aber wie sie auch immer die Einheit Gottes zu wahren suchten, ließen sie sich doch nie das Bewußtsein von der direkt in Gott gründenden Natur jener »inneren« göttlichen Welten und Seinsstufen nehmen, die sich der Betrachtung des Mystikers eröffnen. Aber die Lehre der Kabbala über diese Dinge komplizierte sich immer mehr und mehr, die Zahl der theosophischen Wesenheiten, Konfigurationen und möglichen Perspektiven stieg ins Ungemessene. Die unheilvolle Tendenz aller Gnosis zur reflektiven Verselbständigung und damit zur unendlichen Komplikation auch der ursprünglichsten Intuitionen hat sich aufs hemmungsloseste in der Geschichte der Kabbala in Safed, der Heimat der neueren Kabbala, ausgewirkt. Damals wurden jene hohen historischen Wechsel ausgestellt, für deren Einlösung die Geschichte nicht mehr die engen Konventikel der Mystiker, sondern das jüdische Volk haftbar gemacht hat, und die verzweifelten Versuche um solche Einlösung haben die innere Physiognomie der jüdischen Religionsgeschichte in den letzten Jahrhunderten bestimmt. In Safed verlor die mystische Welt der göttlichen Emanationen ihre einfache Konstitution, die Zehnzahl der Sephiroth wird in endlose mythologische Kataloge zerdehnt, und in der lurjanischen Kabbala ist die Fülle dieser mythologischen Überwucherungen und Schematisierungen so groß geworden, daß jeder Überblick aufhört. Vor unendlichen Mysterienwelten, deren nach wie vor, ja sogar stärker als je zuvor behaupteter Zusammenhang mit der Gottheit immer zweifelhafter wird, versagt jede Kontrolle der Ratio. Aus solcher Situation mußten mit dialektischer Notwendigkeit religiöse Prozesse entspringen, welche die

Rettung des lebendigen Zusammenhangs mit Gott aus solchen mythologischen Verstrickungen versuchten. Zwei Wege boten sich hier dar. Der eine ist von manchen der großen Homiletiker in Deutschland und Italien und danach mit unerhörter Kraft von der chassidischen Bewegung gegangen worden. Man darf ihn mit einem glücklichen Ausdruck Bubers »Entschematisierung des Mysteriums« nennen. Scheinbar ohne die Lehrinhalte der Kabbala anzutasten, suchte man sie unter entschlossenem Verzicht auf die zum Mythologisieren verführende lurianische Terminologie zu limitieren. Dieses leidenschaftliche Umschmelzen der Kabbala in die Sprache der Herzen hat die unerhörte innere Macht der chassidischen Bewegung in ihren glücklichen Perioden begründet. Der andere Weg wird in dem Versuch beschritten, diese ganze Welt der mystisch-mythologischen Wesenheiten radikal aus dem Bezirk der Gottheit auszuschließen und von ihr abzutrennen. Auf diesem Wege mußte dann notwendig eine neue einfache Konzeption der mystischen Theologie versucht werden.
Dieser Weg nun ist innerhalb der »orthodoxen« Kabbala nicht beschritten worden. Kein Theologe außerhalb der sabbatianischen Bewegung hat den Mut gehabt, all jene Sephiroth und Parzuphim Lurias und seiner Schüler aus dem göttlichen in einen kreatürlichen Stand zurückzuversetzen, und damit jenes ganze gnostische Pleroma der Kabbala um seinen religiösen Sinn zu bringen. Dieser Schritt ist allein von der sabbatianischen Theologie, unter Vorangang Cardosos gemacht worden. Schon von Sabbatai Zwi selbst

wird in einer Handschrift Cardosos eine sehr bemerkenswerte Äußerung über Isaak Luria berichtet: er habe die schönste Merkaba, Thronwelt Gottes, zurechtgemacht, aber nicht mitgeteilt, wer auf ihr throne. Mag dieses Wort im Munde Sabbatai Zwis selbst immerhin einen anderen Sinn gehabt haben (es ist nicht unmöglich, daß er auf die Inkarnation des Gottmenschen anspielt), erhält es doch bei Cardoso erst seinen wahren Sinn.

Cardoso entwickelt in all seinen Schriften mit einer noch heute staunenswerten dialektischen Kraft seine neue Theologie, mit der er einen urgnostischen Zentralgedanken des Antinomismus in die Welt des Judentums selber einzubauen unternahm. Er erkaufte die lebendige Beziehung zu seinem Gotte mit der Preisgabe seiner absoluten Einheit. Cardosos Gedankengang ist in wenigen Worten etwa der: Es gibt eine erste Ursache, *prima causa,* deren Existenz schon mit der elementaren Ratio eines Schulkindes erfaßbar ist. Alle Heiden und auch die Mohammedaner haben diese *prima causa* verehrt. In Wirklichkeit aber gebührt ihr keinerlei Anbetung und Verehrung. Nicht auf sie, die nirgends aber auch nirgends in den heiligen Büchern erwähnt wird, bezieht sich die Offenbarung. Von ihr kann außer ihrer Existenz, zu deren Erkenntnis keine Offenbarung, sondern nur das Abc des kausalen Denkens benötigt wird, nichts erkannt werden; sie steht in keinem Konnex mit der Schöpfung, übt keine Vorsehung und hat keine erlösende Macht. Ihr zwar kommt einfache Einheit zu, aber diese hat keinen religiösen Gehalt. Die Christen verehren auch diese *prima causa,* aber sie setzen sie als dreieinig, womit sie sogar hinter den Heiden zurückbleiben. Diese *prima causa* aber, die ihrem Wesen nach, weil außer Konnex mit der Schöpfung, auch namenlos ist, hat aus sich als *primum causatum* den »Gott Israels« entlassen, welcher allein der Schöpfergott ist, der sich in den heiligen Schriften und in der heiligen Geschichte offenbart hat. In einer unerlösten Welt ist seine Erkenntnis nur durch Offenbarung und Tradition möglich. Dieser Schöpfergott nun ist – eine urgnostische Idee – androgyn, er bildet mit der Schechina, deren absolut göttliche Natur einen Hauptpunkt in Cardosos Theorien bildet, zwar nicht mehr eine einfache Einheit wie die der *prima causa,* wohl aber eine dynamische. Im Bilde dieses Schöpfergottes ist der Mensch geschaffen, er ist vom Menschen aus benennbar und von ihm allein handelt alle Theologie. Er ist nicht etwa eine der Sephiroth oder irgendeine Wesenheit aus den Welten, die die lurianische Kabbala beschreibt. Diese sind Kreaturen höheren Standes, die für Kosmogonie und Kosmologie eine Bedeutung haben, nicht aber für die Erkenntnis des »Gottes Israels«, der unendlich weit erhaben über dieser lurianischen *Merkaba* thront. Dieser Gott hat sich offenbart, aber er inkarniert sich nicht. Es gibt keinen menschgewordenen Gott und keine gottgewordene Sephira, wie sie jene sabbatianischen Gruppen, die das Judentum verlassen haben, lehrten. Die Erkenntnis jenes androgynen Schöpfergottes und seiner dynamischen Einheit – das ist das große »Geheimnis des Glaubens«, *rasa de-mehemanutha,* welches der Gegenstand der Heilsgeschichte ist. Diese echt gnostische Theorie mit ihrer Umbiegung, um nicht zu sagen Preisgabe des Monotheismus und ihrer immanenten Abrogation der gesamten lurianischen Spekulation, mußte den erbittertsten Widerstand jener weitesten Kreise im Judentum wecken, deren Gottesbewußtsein diese gnostische Dialektik ins Herz traf. Aber nicht das ist erstaunlich, daß sich alsbald erbitterte Gegner solcher Irrlehren meldeten, sondern vielmehr die Unsicherheit ihrer Polemik, die, wo nun einmal die Frage der Einheit Gottes im Zentrum der Kabbala wieder aufgerollt war, auch noch die Terminologie und Mythologie des lurianischen Erbes in ihrer Dialektik zu verteidigen hatte. Darüber hinaus hat der gewaltige Eindruck der mit großer Kraft und Überzeugung vorgetragenen neuen Gotteslehre doch hingereicht, die gesamte kabbalistische Literatur der drei nächsten Generationen in ihrer Haltung zu bestimmen. Mehr als einem Kabbalisten ist die Welt der jüdischen Theologie seitdem unter den Händen zerfallen, als er sie mit Cardosos Bausteinen rekonstruieren wollte, und hier auch ist der Punkt, wo das oft hysterische Geschrei gegen Krypto-Sabbatianer im 18. Jahrhundert, wie es sich in den Kämpfen um Nechemja Chajun und später um Jonathan Eibeschütz erhoben hat, einen durchaus triftigen Grund hat. Es ist gewiß, daß einem Mann wie Eibeschütz der letzte Sinn des Judentums in einem Licht erschienen ist, das sich nicht sehr von dem unterschied, in dem Cardoso es sah. Die qualvolle Lektüre seines großen Werkes *schem 'olam* beweist es, wo sich alle Begriffe der jüdischen Mystik nur zusammengefunden zu haben scheinen, um an ihrer eigenen Dialektik zu explodieren oder – trauriger gesagt – zu verpuffen.

3

Die Heilsgeschichte, auf die oben hingewiesen wurde, erweist fast noch mehr als seine Gotteslehre den Sabbatianismus als eine Krisentheologie. Die Sabbatianer sind die einzige Gruppe im Judentum, welche so etwas wie eine offizielle Philosophie der jüdischen Geschichte besessen hat, bevor Emanzipation und Reform eine schufen. Das ist natürlich kein Zufall. Im Sabbatianismus ist jene Krisis, welche die Reform nach außen dokumentiert hat, schon 150 Jahre früher im innersten Herzen des Judentums in Permanenz gesetzt worden. Als hier die alten Begriffe zuerst zerbrachen, suchte man Rechenschaft von ihrem Gange durch die Historie zu geben. An Mut hat es dabei Cardoso und seinen Anhängern nicht gefehlt.
Solange die innere Verfassung der Welt in leidlicher Ordnung war, nämlich bis zur Zerstörung des Tempels – so lehrt Cardoso –, verehrte man noch den wahren »Gott Israels«, der uns aus Ägypten erlöst und in der Bibel sich offenbart hat. Die Zerstörung des Tempels war zugleich eine metaphysische Katastrophe. Mit ihr gerät die Erkenntnis Gottes in Verwirrung und es entsteht der große Irrtum, der die jüdische Geschichte im Exil bestimmt, nämlich die Anbetung der *prima causa* und ihre Identifikation mit dem Gotte Israels. Es entsteht die Anbetung

jenes Gottes der Heiden, des rationellen Abc's, als des Gottes des Judentums. Diese Verdunkelung des Gottesbewußtseins ist das notwendige Schicksal der unerlösten Welt. In der talmudischen Zeit, besonders in den ersten Generationen nach der Tempelzerstörung, hatte man noch die Trümmer des ursprünglichen »Mysteriums des Glaubens«, und um es aufzubewahren für die messianische Zeit, wo es, auf eine neue Weise freilich, wieder geoffenbart werden wird, schrieben die Weisen des Talmud das Buch Sohar nieder, dessen wahrer Sinn in der Zeit des Exils dunkel bleibt. Alles in diesem Buche ist doppeldeutig geschrieben: es scheint die Lehre der Kabbala zu enthalten, dem aber, der es mit »aufgedecktem Antlitz« liest, enthüllt es jene reine Erkenntnis. Dieses Wegzeichen haben die letzten Generationen, die noch den Tempel gesehen haben, für die Nacht des Exils aufgerichtet, während derer das Judentum 1500 Jahre lang eine verfehlte Religion war. Die Juden wußten nicht recht, zu wem sie beteten, und indem die jüdischen Theologen des Mittelalters sich in falschen Spekulationen über die Schechina ergingen, verleugneten sie das göttliche Wesen. Saadja Gaon, der die Schechina als erschaffen bezeichnet, und andere der großen Religionsphilosophen des Judentums im Exil stellen den Tiefstand und die völlige Verwirrung der Gotteserkenntnis dar. Ja, noch die Mystiker bis auf Luria selbst gaben der Schechina nicht den ihr zukommenden Ort, indem sie sie zu einem Modus unter anderen Modi, und sogar zum letzten unter ihnen machten. Und doch hatten auch im Talmud und in den Midraschim die Weisen letzte

Wegzeichen durch die Nacht errichtet: all jene Stellen haggadischen Inhalts, die für die jüdische Theologie des Mittelalters höchst anstößig waren, und die man mit einem talmudischen Ausdruck *aggadoth schel dophi,* blasphemische Aggadoth nennt. Sie eben deuten auf das wahre Mysterium hin. Auch hier wieder bricht eine tief gnostisch-antinomistische Tendenz aufs unverkennbarste hervor. Die anstößigen Aggadoth sind die Symbola des wahren Gottes, der seine Klarheit einer verworrenen Welt entzieht. Nur einigen Erleuchteten ist das Mysterium offenbart worden, und gegen Ende der Nacht werden sich manche, die nach Gotteserkenntnis suchen, im Zwielicht der Vorzeit des Messias an den in Sohar und Talmud vorsichtig und ohne Ordnung verstreuten Wegzeichen zur wahren Theologie orientieren. Die Paradoxie ihrer Lehre wird alle, auch die meisten Kabbalisten, gegen sie aufbringen. Mit dem Erscheinen des Messias aber wird mit einem Schlag die alte Weisheit offenbart. Denn – auch hier stützt sich Cardoso auf einen sonderbaren alten Midrasch – der Messias wird Gott nicht wie alle andern seit dem König Chiskija durch Tradition oder Offenbarung erkennen, sondern mit seiner Ratio, und eben diese absolut rationale Durchdringung des »Mysteriums des Glaubens« ist das eigentliche und untrügliche Erkennungszeichen des Messias.

Der Messias als radikaler Rationalist – diese höchst erstaunliche Konzeption Cardosos enthüllt eine der innersten Intentionen kabbalistischen Denkens, die einigen Forschern im Zeitalter Hegels noch auf eine oft ergreifende Weise deutlich geworden ist, während sie dem unsern fast entglitten zu sein scheint. Nicht in jedem Zeitalter erwidern die Dinge dem Anruf der Ratio, aber daß ihr Verhalten, und sei es auch in den scheinbar mystischsten Bezirken, wenn auch nicht jederzeit in der Ratio begründbar, so doch jederzeit ihr gemäß verläuft, ist durch ihre absolute Rationalität im utopischen Punkte der Geschichte, im messianischen Zeitalter, verbürgt. Welch aktuelles Unvermögen immer die Kabbalisten an der rationalen Entfaltung ihrer Gegenstände gehemmt haben mag und welche Bedenken man immer gegen die Legitimität eines Anspruchs erheben mag, der zugleich im Besitze einer Theorie für seine eigene Unerfüllbarkeit ist – die nackte Tatsache dieses Anspruchs allein, am dialektischsten Punkt der Geschichte der Kabbala erhoben, erleuchtet den Bezirk, auf den er sich erstreckt. Der Erlöser ist der zutiefst Erkennende. Da, wo alles Geschehen sich aufs höchste potenziert, sind Offenbarung und Tradition nur mehr *Zeugen* des Erkennenden – so bestimmt Cardoso ihre Rolle beim Anbruch des neuen Aion. Wie der Zerfall einer grenzenlosen Intuitionsmystik, wie es die lurianische im Gegensatz zur älteren Kabbala ist, zu einem Begriff von der erlösenden Macht der Erkenntnis führt, der dem Maimonides angestanden hätte, und wie hier der prinzipielle Anspruch rationaler Erkenntnis gerade für die paradoxesten Mysterien des Glaubens mit größtem Nachdruck vom Boden der Gnosis her vertreten wird – das erleuchtet tief den metaphysischen Schauplatz der sabbatianischen Bewegung.

Unreine Trübungen, aus tiefem Verfallensein der Seele an den Trieb oder aus anderen Mächten der Geschichte entstammend, haben die Leuchtkraft unserer Ratio verdunkelt. Vor dem Urphänomen der Sprache, dem Namen des Schöpfers, erweist sie ihre Schwäche. Wenn aber in den Geburtswehen des neuen Aion, in der Krisis des Zusammenbruchs sie sich reinigt, antwortet der Name Gottes ihrem Anruf.

War schon diese Seite der Lehre vom Messias paradox, so ist es ihre andere Seite, die allein bisher von Polemikern und Geschichtsschreibern betrachtet worden ist, in freilich noch viel höherem Maße. Hier trug die große Schwierigkeit, die ihre Widerlegung oder selbst nur die Polemik gegen sie hatte, das ihrige dazu bei, die Empörung des beleidigten Gefühls zu erhöhen. Denn in der Lehre vom notwendigen Abfall des Messias, als welche sich jene andere Seite der Messianologie darstellt, sah sich das religiöse Gefühl des Judentums im Exil zum ersten Male einer offen, nicht mehr latenten, antinomistischen Thesis gegenüber, ohne daß es – in der schweren Krise einer Hypertrophie des Mystizismus – jene starke Position noch besaß, von der aus es ihre Voraussetzungen als bodenlos hätte enthüllen können. Die jüdischen Geschichtsschreiber haben die verführerische Gewalt dieser neuen Lehre merkwürdig unterschätzt: sie sahen den historisch-aktuellen *Anlaß* allein und erkannten in ihr nur die verlegene Ausrede, mit der ein furchtbares moralisches und historisches Débacle seelisch unterbaut werden sollte. Die Tatsache, daß ohne den Übertritt Sabbatai Zwis zum Islam jene Thesis niemals aufgestellt worden wäre, die Kenntnis dieses Anlasses hat ihnen, wie so oft geschieht, den Blick für die Würdigung des aus ihm resultierenden Prozesses selbst verstellt. So sehr diese Lehre immerhin eine Ausflucht gewesen sein mag, so ist sie doch mehr als das. Nie hätte ja diese »Ausrede« solche noch heute den Leser Cardososcher Schriften erschütternde Macht gewinnen können, über die weder Empörung noch Hohn hinwegzutäuschen vermögen, hätte sie nicht noch in ihrer Übersteigerung ein echtes Gefühl in der Seele des Juden: das Gefühl der Berufung angesprochen. Schon in der alten jüdischen Theologie war die Frage strittig, wie sich die Tora im messianischen Zeitalter verwirklichen werde. Innerhalb der Kabbala brachte besonders das Buch Temuna, wie schon erwähnt, den Gedanken einer verschiedenen Konkretisation des *corpus mysticum* der Tora in jedem Aion zu entschiedenem Ausdruck. Was aber an der Grenze geschieht: in der Person des Messias selbst, war eine offene Frage, deren problematischer Charakter erst, als diese Grenze akut sichtbar zu sein schien, überhaupt erkannt wurde. Scheint doch im Messias zumindest der neue Aion schon sich anzukündigen, und somit für seine Person die solcher Situation entsprechende Beziehung zur Tora gegeben. Diese an sich durchaus noch orthodoxen Überlegungen wurden, als sie sich mit der tiefgnostischen Messianologie der lurianischen Kabbala verbanden, historisches Dynamit. Das ungeheuer gesteigerte Missionsbewußtsein des lurianischen Judentums, dessen Zerfall noch als letztes Produkt seiner Dialektik die

Missionstheologie der jüdischen Reform entstammt, bedurfte nur eines kleinen Anstoßes, um jenen Ausbruch des messianischen Antinomismus hervorzubringen, der in die Grenzen des Judentums eingebaut, in Cardosos hier geradezu revolutionären Schriften seinen gültigen Ausdruck gefunden hat. Hier ist mehr als Ausrede: alle Elemente waren schon gegeben, als sie vom galvanischen Funken eines historischen Aktes vereinigt wurden – ob dieser Akt selbst als Opfer, Schwäche oder Betrug zu deuten ist, verschlägt hier nichts – und, ein metaphysisch noch mehr als historisch ergreifendes Schauspiel, in einem antizipierten, das heißt aber: ihren Gegenstand nicht erreichenden Versuch der Revolution des jüdischen Bewußtseins verbrannten, dessen Intensität das sefardische Judentum, aus dessen Schoß sie kam, mit dem Verlust seiner produktiven historischen Kraft auf lange hinaus hat entgelten müssen.

Jenes Missionsbewußtsein hatte sich in der lurianischen Lehre vom Einsammeln der verstreuten Seelenfunken ausgedrückt, die zugleich zu einer neuen, im Grunde freilich uralten Bestimmung der Aufgabe des Messias führte. Die Funken des Urlichts sind, der lurianisch-gnostischen Kosmogonie zufolge, unter die Macht der dämonischen »Schalen« und der Materie geraten. Jeder Mensch vermag diejenigen zu befreien, welche in die stumme Welt der Objekte eingeschlossen sind, die im Umkreis seines Lebens und Handelns sich ihm darbieten. Messias aber vermag mehr zu tun als Natur zu erlösen: er befreit die unter die Völker gefallenen Funken. Und hier setzt die sabbatianische

Logik ein, indem sie nachdrücklich und drastisch ein Motiv benutzt, das dann in einer neuen und unendlich viel tiefer weil ohne Paradox fundamentierten Form in der chassidischen Lehre vom Sinn des Gerechten wiederauferstanden ist: Messias, gesandt, um die Funken aus den Völkern einzusammeln und so die Urgestalt der Menschheit im Übergang zum neuen Aion wiederherzustellen, kann seine Sendung nur vollbringen, indem er unter die Völker geht, ihre Taten tut und ihr Leben lebt und »unter den Bösen begraben wird«. Damit verleugnet er keineswegs seine Aufgabe und die des Judentums, sondern erst damit erfüllt er sie. Cardoso und die sabbatianische Theorie sahen in Sabbatai Zwi vor allem den leidenden Messias, der – so deuteten sie Jesaja 53 – in der Krisis der Sünde die Sünde überwindet, die ihn »durchbohrt«. Ja, nicht nur seine hohe Berufung zwingt ihn zum Abfall und zu »befremdlichen Taten«, sondern auch Israels Sünden: auch sie sind es, die ihn in einer unheimlichen Kausalität in den Urbezirk der Sünde unter die Völker hinaustreibt. Wir anderen aber, die nicht Messias sind, haben ihm darin nicht zu folgen. Jenes höhere Gesetz der Erlösung, nach dem Messias antritt und handelt, gilt nicht für uns. Sein Handeln ist kein Beispiel, im Gegenteil – und hier taucht der Sabbatianismus tief in seine marranischen Ursprünge ein – sein Handeln ist das Ärgernis Israels. Mit beispielloser Dialektik hat Cardoso diese das jüdische Bewußtsein tief aufwühlende Lehre vorgetragen und in die Messianologie des älteren Judentums, vor allem aber in die des Sohar, hineinzuinterpretieren unternommen. Aus dunklen kabbalistischen Begriffen, die im großen Strom der mystischen Sprache mitgeschwommen waren, ohne ihr Inneres zu öffnen, entfaltet sich plötzlich eine jüdische Terminologie des Antinomismus. Kein christlicher Missionar hat je das Paradox im Schicksal des Erlösers in jüdischeren Begriffen zu entwickeln vermocht. War im Messias die Vollkommenheit der Ratio auf die Spitze getrieben, so zugleich auch das Paradox des Ärgernisses. Cardoso bekämpfte erbittert jene Anhänger Sabbatai Zwis in Saloniki, die zum Islam übertraten, weil sie in einem naiveren Geiste die Handlungen des Messias als beispielhaft betrachteten, und die dann in der *Dönmeh*-Sekte ein freiwilliges Marranentum als notwendigen Weg der Erlösung zu verwirklichen suchten. Wenn auch Cardoso und mit ihm der ganze jüdische Sabbatianismus gerade an jenen kritischen Punkten stehen, wo das Judentum Gefahr läuft, in den Flammen einer antinomistischen Explosion verzehrt zu werden, so hatten sie doch das genaue Gefühl der Grenzen. Gerade die prinzipielle Unmöglichkeit, ihm nachzufolgen, macht das Ärgernis, das Messias gibt, zum unwiederholbaren Vollzug der Erlösung – von nichts ist diese an den Grenzen des Judentums stehende Theologie aus marranischem Geiste weiter entfernt als vom Begriff einer imitatio Christi! – und rettet zugleich in diesem paradoxen Tatbestand den Fundus des Judentums, das sich freilich verzweifelt dagegen gewehrt hat, durch Konzeptionen gerettet zu werden, die in einem tieferen Bezirke es zu zersetzen und verwandeln drohten.

Man darf den damaligen Ketzerbestreitern im Judentum, Jakob Sasportas und seinen Nachfolgern, das Zeugnis nicht verweigern, daß sie ein deutliches Bewußtsein dieser revolutionären Perspektiven eines im Judentum verbleibenden Sabbatianismus besaßen und deshalb – sie wollten ja keine Revolutionierung des Judentums – alles daran setzten, diese Bewegung aus dem Judentum, in dem sie mit allen Kräften sich zu halten suchte, herauszudrängen. Cardoso, nicht die Sabbatianer in Saloniki, die den Turban nahmen, war, wie sie richtig sahen, die Gefahr.

4

Es waren die Lehren von Gott und dem Messias, an denen als den vorgeschobensten und sichtbarsten Posten eines Aufstandes im Herzen des Judentums der gebannte Blick der Polemiker haftete. Hier waren ja die kostbaren und heiligen Bezirke, die als die Schauplätze der großen Auseinandersetzung mit dem Christentum im jüdischen Bewußtsein gehütet und rein bewahrt werden mußten. So hat sich denn, als hier die Grenzzeichen zu verblassen drohten und falsche Signale in der Position des Judentums Verwirrung schufen, alle Kraft auf deren Reinigung und Wiederherstellung gerichtet. Was aber in solchen scheinbar entlegenen und doch fundamentalen Bezirken geschah, die nicht wie jene symbolischen Zentra im Blickpunkt schon der elementarsten apologetischen Perspektive lagen, scheint nicht beachtet worden zu sein. Und doch hat gerade hier die unverstellte Katastrophalität der neuen Theologie sich im Umsturz der innersten Ordnungen des jüdischen Lebens ausgewirkt, ohne historisch sichtbaren Widerstand zu finden, bevor sie nicht auch die Fassade dieses Lebens in offener Revolte angriff. Schien ja die Physiognomie der Lebensordnung des Judentums von der Morallehre des Sabbatianismus, denn von ihr muß hier die Rede sein, nicht akut betroffen. Es war ja, wie dargelegt, der offene Antinomismus im Handeln des Messias auf dessen an der Grenze stehende Person eingeschränkt, im Innern jener Grenzen aber schien die Welt der Tora unangetastet. Und doch: in diesem stillsten aller dialektischen Prozesse, die je den Bestand der moralischen Welt gefährdeten, gründet das trauervolle Schauspiel des polnisch-mährischen Frankismus, in dem am Vorabend der Emanzipation die sabbatianische Bewegung zugrunde ging.

Die Moraltheorie der späteren Kabbala, wie sie in den lurianischen Schriften niedergelegt ist, vor allem im *Sepher ha-gilgulim*, dem Buch von den Wanderungen der Seele, läßt sich im Grunde recht einfach darstellen: Die Handlungen des Menschen sind als solche indifferent, weder gut noch böse. Moralische (und das heißt hier religiöse) Relevanz kommt ihnen nur da zu, wo sie in einen heteronomen Zusammenhang eintreten, der ihnen solche verleiht: in der Beziehung auf die *Aufgabe* des Menschen. Die Aufgabe des Menschen aber ist nichts anderes als die Wiederherstellung seiner geistigen Urgestalt, ist die Aufhebung der Verwirrung in der inneren Ordnung der Welt, die mit dem Sündenfall und dem »Bruch der

Gefäße«, aus denen die Funken in alle Dinge stoben, eingetreten ist. Diese Aufgabe ist jedem einzelnen gesetzt. Jede Seele trägt virtuell solche vom Makel der Welt ergriffene Urgestalt in sich, die sie in ihrem Dasein aufzurichten und zu reinigen hat. In den Handlungen nun, die die Tora fordert oder verbietet, wird jener Restitutionsprozeß in der Seele des Menschen vollzogen: wie nach einem alten mikrokosmischen Motiv des Talmud die 613 Gebote der Tora den 613 Gliedern des Menschen entsprechen, so richtet durch die Erfüllung der 613 Gebote, den Vollzug der Tora, der Mensch die tief geistige Gestalt seines Wesens in ihrer mystischen Aktualität wieder auf. Die lurianische Kabbala ordnet hierbei jedem Gebot oder Verbot ein Glied des Menschen zu, das nicht ohne die Verwirklichung jenes Gebotes, vielmehr nur in seinem Vollzug »zurechtgerückt« und wiederhergestellt werden kann.

Die Dauer des menschlichen Daseins nun bestimmt sich nur in der Beziehung auf diese seine Aufgabe, und nicht von irgendwelchen anderen Ordnungen des Geistes und der Natur aus. Nicht jene kleineren Sinnabschnitte von Geburt und Tod, in denen sein Rhythmus verläuft, machen die Einheit eines Daseins aus, sondern diese ist allein in der Einheit seiner Aufgabe begründet: so hielt die lurianische Lehre von der Seelenwanderung doch an der Einmaligkeit und Unwiderruflichkeit des Daseins fest, die sie dem kargen Leben nicht zuzusprechen bereit war, und nahm so dem tiefsten Einwand gegen jene Lehre seinen Stachel. Kein Dasein dauert länger, aber keins auch kürzer als bis zur Erfüllung seiner Aufgabe. Und nur was auf sie Bezug hat, gehört der moralischen Welt an, ist in bezug auf Gut und Böse different. Der Begriff eines Vollzugs solcher Aufgabe nun ist, wie sich herausstellt, von tiefer und bedenklicher Zweideutigkeit. Erfüllt sich, so nämlich muß man ja fragen, solch Vollzug in punktueller Weise: Tat um Tat, Glied um Glied, oder nur in seiner Ganzheit? Ist, mit anderen Worten, die Rechenschaft, die wir für jene relevanten Taten schulden, noch bis zum Vollzug des Ganzen in der Schwebe und kann nur in ihrer Ganzheit abgegolten werden, oder aber erlischt an jedem Punkte dieses Vollzugs die Verpflichtung zur Rechenschaft für Handlungen, die auf schon restituierte Teile der Urgestalt sich beziehen? Diese für die Konstitution der moralischen Welt des lurianischen Judentums so bedeutsame Frage ist der vorsabbatianischen Kabbala nicht zum Bewußtsein gekommen. Erst in Cardoso wird diese Dialektik im Vollzugsbegriff verhängnisvoll. Denn so zweifellos im Sinne einer ungebrochenen Intention nur die Ganzheit im Vollzug es sein kann, die die moralische Welt des Judentums stabilisiert und unantastbar macht, indem sie in einem großen Bild der symbolischen Gewalt des Guten Dauer leiht, so sicher ergriff eine zerfallende Welt im Abgrund jener Fragestellung das Element der Zerstörung. In der Vereinzelung der Rechenschaft, in der Punktualität jenes Vollzugs, an dem im Sinn Cardosos der Mensch wie an einem Pensum arbeitet, Stück um Stück, zerfiel der Felsgrund, auf den das moralische Bewußtsein des Judentums gegründet ist, in der sabbatianischen Bewegung zu Staub. Denn, so besagte diese Lehre, die Rechenschaft, die der Mensch zu geben hat, erstreckt sich immer auf einen Daseinsabschnitt zwischen Geburt und Tod (und sogar auf weniger). Hat er nun in einem solchen Abschnitt ein Gebot erfüllt und damit jenes entsprechende Glied seiner Wesensgestalt restituiert, so muß er vielleicht, weil er ein anderes Gebot noch nicht vollzogen, in einen neuen Abschnitt seiner Wanderung treten, aber in diesem wird von ihm keine Rechenschaft mehr verlangt für Handlungen, deren Forderung er in früheren Abschnitten entsprochen hat. Mag er ihr jetzt entsprechen oder nicht, es bleibt gleich, seine Handlung hat keine Beziehung auf ihre Aufgabe mehr, seit sie erfüllt ist, und bleibt neutral.

Freilich ist auch hier eine reale Sicherung angebracht, die das System verhindert, in akuten Antinomismus umzuschlagen: niemand nämlich kann, einer alten Lehre der Kabbala zufolge, wissen, in welchem Abschnitt seiner Wanderung er sich befindet. Dies Wissen, das nur in der tiefsten Initiation den großen Mystikern, die zu schweigen verstehen, im Bezirk der Physiognomik sich eröffnet, steht dem Menschen nicht an, und solch legitimes Unwissen sichert hier die Lebensordnung des Judentums. So bleibt die Fassade seiner Welt noch stehen, und doch – welch Taumel des Hasards gespenstert nun in ihren Räumen. Die Sicherheit des aus Gott Handelnden, die jene ungeheure moralische Substanz im Medium des Gesetzes schuf, ist durch das große Vielleicht ersetzt. Das Leben des Juden, seiner reinen Intention nach in den höchsten Ordnungen des Gerichts geführt, ist unversehens zum

Spiel geworden: versuchen wir es immer mit der Tat, vielleicht trifft die nächste einen Zweck. Die Tat, die in solchem Spiele eingesetzt wird, ist verloren und der Gewinn, die Erlösung, eine Chimäre. Die Lehre der Offenbarung enthüllt sich nach dreitausend Jahren schaurig verwandelt als Theologie des Hasards, in der der Gerechte als glücklicher Spieler entlarvt wird.

So wurde, noch bevor die Mächte der Weltgeschichte das Judentum im 19. Jahrhundert aufwühlten, seine Wirklichkeit von innen her mit Zerfall bedroht. Schon damals drohte die »Wirklichkeit der Hebräer«, der Raum des Judentums, zu jener Chimäre zu werden, als die sie seitdem immer wieder in großen Augenblicken der jüdischen Geschichte zu zerfließen droht, dem unbereiten Pathos nicht anders als der unpathetischen Selbstversunkenheit. Die messianische Phraseologie des Zionismus, besonders in entscheidenden Momenten, ist nicht die geringste jener sabbatianischen Verführungen, die die Erneuerung des Judentums, die Stabilisierung seiner Welt aus ungebrochenem Sprachgeist, zum Scheitern bringen können. Denn so vergänglich in der Zeit, wie alle theologischen Konstruktionen, auch die Cardosos oder Jakob Franks gewesen sein mögen – der tiefste und zerstörendste Antrieb des Sabbatianismus: die Hybris des Juden ist geblieben.

Wissenschaft vom Judentum einst und jetzt

Wenn ich hier einige Betrachtungen über die Frage der Wissenschaft vom Judentum anstellen soll, so ist das ein vermessenes Unterfangen, das, ob es nun in einer halben Stunde geschieht, wie mir zugebilligt wurde, oder in zwei Stunden, auf jeden Fall den Reiz des Verwegenen, um nicht zu sagen Provokatorischen an sich hat. Die Möglichkeit, diese besondere Fragestellung der Wissenschaft vom Judentum in einer solchen kurzen Ansprache zu entwickeln, liegt natürlich weit jenseits meiner Kompetenz. Ich möchte hier daher nur einige sehr persönlich gefärbte Ideen skizzieren, die aber vielleicht ein Bild von dem geben können, was eigentlich in der Wissenschaft vom Judentum sich gewandelt hat, ein Bild auch, das uns zeigen kann, wo wir stehen und was uns heute bevorsteht. Das Problem selbst ist für uns gewiß eminent wichtig, ein Problem, das uns auf der Seele brennt.

Die Wissenschaft vom Judentum ist von Deutschland ausgegangen. Als Leopold Zunz, seine ersten Mitarbeiter und die in seinen Spuren folgenden großen Begründer der Wissenschaft vom Judentum im 19. Jahrhundert versuchten, diese Disziplin durchzusetzen, hat sich ihr Einfluß von Deutschland aus in allen jüdischen Siedlungsländern geltend gemacht. Diese Erbschaft, die das deutsche Judentum mit der Grundlegung der Wissenschaft vom Judentum hinterlassen hat, ist noch heute wirksam, auch wo Metamorphosen entscheidender Art eingesetzt haben, die das Wesen dieses Gebildes weitgehend zu transformieren bestimmt sind. Die Wissenschaft vom Judentum bedeutet für uns Erkenntnis unserer eigenen Wesensart und Geschichte; das ist es schließlich, worauf es, in einem Satz gesagt, ankommt.

Diese Erkenntnis der eigenen Wesensart und Geschichte hat jedoch tiefe Wandlungen durchgemacht. Denn die Wissenschaft vom Judentum hat sich nicht im luftleeren Raum entfaltet, sie hat vielmehr historische Funktionen erfüllt. Ja, in der Zeit ihrer wichtigsten Konstitution hat sie in weiten Kreisen der jüdischen Gemeinschaft geradezu die Rolle einer historischen Macht im Judentum ausgeübt, und die Funktion dieser Wissenschaft ist es gerade, die den Betrachter nachdenklich zu stimmen, manchmal hinzureißen, manchmal zur Verzweiflung zu treiben geeignet ist, ihn aber auch zuweilen mit stummen oder leisen Hoffnungen vielleicht erfüllen kann. Die Wissenschaft vom Judentum hatte, als sie ins Leben trat, in Berlin, in Galizien, in Prag, in anderen Zentren, die dem deutschen Kultureinfluß des frühen 19. Jahrhunderts offen standen, eine große und sehr lebendige Wirkung. Freilich war die Funktion, die sie erfüllte, von jeher fragwürdiger Natur, hatte immer etwas Zwielichtiges an sich. Sie ist unter dem Einfluß antiquarischer, idealer und romantischer Vorstellungen entstanden und wirksam geworden. Ihre ersten Träger waren tief, wenn auch oft indirekt, von Vorstellungen der Romantiker bestimmt. Aber was die deutschen Romantiker bewegte, war die lebendige Erfassung des Organismus ihrer eigenen Geschichte im Sinne einer positiven, national gesehenen Perspektive und Zukunft. Sie wollten ihre eigene Sache aufbauen. Die erste große Schwierigkeit, die schwierige Erbschaft, die die Wissenschaft vom Judentum seit ihrer Begründung uns hinterlassen hat, lag darin, daß bei und nach der Begründung der Wissenschaft vom Judentum weitgehend entgegengesetzte Tendenzen wirksam waren. Der Versuch, von dem abzusehen, was das Lebendigste des jüdischen Volkes als einer Gesamtheit ausgemacht hat, hat vorwiegend die Arbeit gerade der bedeutendsten Vertreter der Wissenschaft vom Judentum bestimmt. Der Versuch, das Judentum auf eine rein geistige, ideale Erscheinung zu reduzieren, die noch dazu nach bestimmten zeitbedingten Wertungen und Wertbetrachtungen beurteilt wurde, mußte notwendigerweise dazu führen, daß Dinge, die unter dieser Perspektive der Spiritualisierung des Jüdischen fernlagen, in den Hintergrund traten. Die Tendenz großer Gelehrter und sehr bedeutender Männer, die uns allen eine ungeheuer positive Erbschaft hinterlassen haben, für die jeder von uns nie dankbar genug sein kann und die die Grundlage unserer Arbeit bildet, diese Tendenz bedeutet zugleich eine Zensur, eine Zensur der jüdischen Vergangenheit.

Das jüdische Volk, das in seiner Gesamtheit etwas sehr lebendiges war, mehr war als irgendein für alle Zeit festliegendes Phänomen oder gar eine theologisch in einer Formel definierte oder doch definierbare

Sache, dieses jüdische Volk stellte ein Problem dar, das weit über die Aufgaben hinausging, die die Theologen des Judentums sich stellten. Und wir können und sollen nicht vergessen, daß – mit zwei sehr bedeutenden Ausnahmen, wahren Grundfiguren freilich – fast sämtliche Arbeiter und Mitschöpfer der jüdischen Geschichtsschreibung und der Wissenschaft des Judentums Theologen waren. Der rabbinische Anteil, im Positiven und auch im Problematischen, ist ungeheuer; er kann gar nicht hoch genug eingeschätzt werden. Er hat die Quellen erschlossen; er erst hat die Möglichkeit für bestimmte Fragestellungen und für historisch-kritische Ideen eröffnet, aber zugleich hat er, besonders unter dem Einfluß des 19. Jahrhunderts, eine bestimmte, von allen »Richtungen« fast gleichmäßig getragene Tendenz zur Verwässerung, zur Spiritualisierung des Judentums mit sich gebracht. Jene Ausnahmen, von denen ich sprach, waren Leopold Zunz und Moritz Steinschneider, die zwar von theologisch-rabbinischer Bildung herkamen, die sich aber eine strikt untheologische, ja im Falle von Moritz Steinschneider, einem der bedeutendsten Gelehrten, die das jüdische Volk je hervorgebracht hat, eine ausgesprochen antitheologische Einstellung erarbeitet und in ihrer Lebensarbeit klar bekundet haben. Ihre Schüler aber waren Rabbiner. Niemand sonst hatte unter den Bedingungen des 19. Jahrhunderts oder des frühen 20. Jahrhunderts die Möglichkeit, seine Muße solchen Studien zu widmen, – wie etwa Universitätsprofessoren ein Leben einer ernsten Untersuchung und verantwortlichen

Prüfung von Dingen mit der Gewißheit widmen können, daß sie ihre eine Sache unbeschwert von anderen Verpflichtungen durchzuführen imstande sein werden. Es ist für uns, denen heute mindestens zum Teil andere Möglichkeiten, sich solchen wissenschaftlichen Problemen zuzuwenden, gegeben sind, leicht, die Schwierigkeiten zu verkennen, mit denen jene unsere Vorfahren und ersten Koryphäen zu kämpfen hatten. Die Tatsache, daß keine rein wissenschaftliche Institution da war, die jenseits jeder religiösen Tendenz, sei sie orthodox, liberal, konservativ – ganz gleich, es kommt im Grunde bei der wissenschaftlichen Arbeit auf die Unterschiede nicht sehr an, sie sind sehr viel geringer als man denkt – an eine wissenschaftliche Fragestellung heranging und vor allem eine, die nicht von solchen theologischen Gesichtspunkten bestimmt war, dieser Mangel eröffnete eigentlich kaum die Möglichkeit zu so großen, umfassenden Arbeiten, wie sie eine Wissenschaft vom Judentum als einem lebendigen Organismus, nicht als einer so oder so definierten Idee, erfordert. Zunz hat am Anfang (1825), am direkten Ursprung der Wissenschaft des Judentums, ein ungeheuer großartiges, jugendliches Programm für eine wahre Volkskunde der Juden entworfen, die in seinem Sinne alles umfaßte, was ein lebendiger Organismus darstellt. In der Verwirklichung seines großartigen Planes, den er konzipierte, bevor noch wirkliche reale Detailarbeit eingesetzt hatte, hat er kaum eine Nachfolge gefunden. Sie ist erst in den letzten zwei Generationen mit einigem Ernst angepackt worden.

In der Tat aber rangen im Aufbau der Wissenschaft vom Judentum von Anbeginn zwei Tendenzen miteinander. Die eine ging auf die Liquidation des Judentums als eines lebendigen Organismus aus (also auf »Entjudung«, wie Salman Rubaschow seinen Aufsatz »Erstlinge der Entjudung« überschrieb, der sich mit den ersten programmatischen Äußerungen von Zunz' »Verein für Cultur und Wissenschaft der Juden« befaßte). Die andere war auf seine Verklärung gerichtet. Diese Destruktions- und Konstruktions-Tendenzen stehen in seltsamen Spannungsverhältnissen zueinander. Das lebendige Volkstum (der »Genius« des Volkes) war es, was den großen Vertretern der deutschen wissenschaftlichen Romantik am Herzen lag, die Zunz als Vorbild gedient haben. Dafür aber haben die Koryphäen der Wissenschaft vom Judentum nur noch wenig (wenn überhaupt etwas) übrig gehabt. Eine ganz andere Haltung brach hier durch.

In einem Nachruf auf Moritz Steinschneider, der mit über 90 Jahren 1907 gestorben ist, erzählt Gotthold Weil, einer seiner letzten Schüler, der schon das erste Läuten der Glocken des Zionismus gehört hatte, von einem Gespräch, das er mit Steinschneider führte, als er ihn in seiner Bibliothek besuchte, nach einem Leben, das 70 Jahre lang den Erforschungen der Details der jüdischen Bibliographie, der jüdischen Literatur- und Kultur-Kunde gewidmet war. In jugendlicher Begeisterung – wahrscheinlich kam er frisch enthusiasmiert vom Verein jüdischer Studenten – schwärmte er vor dem uralten Herrn von den Ideen der jüdischen Renaissance und des neuen Aufbaus eines Juden-

tums als einer lebendigen Sache. Aber der alte Steinschneider hielt das für Unsinn. Er sagte, indem er mit einer unnachahmlichen Geste auf seine Bibliothek wies: »Wir haben nur noch die Aufgabe, den Überresten des Judentums ein ehrenvolles Begräbnis zu bereiten.« Nicht jeder hat es so radikal und präzise ausgedrückt wie Moritz Steinschneider, der überhaupt nie vor mutigen Formulierungen seiner eigenen Überzeugungen zurückgeschreckt ist. Aber – etwas von dem Hauch des Begräbnisartigen haftet in der Tat der Atmosphäre dieser Wissenschaft hundert Jahre lang an. Es ist schon manchmal etwas Unheimliches an diesem Schrifttum. Zugleich aber setzt sich gegen ihre eigene Absicht auch das Positive durch, die romantische Begeisterung überrennt in vielen dieser Gelehrten ihre ursprünglich liquidatorische, spiritualisierende, das Judentum entwirklichende Absicht, und dringt zu Einsichten im Positiven vor, die weit von dem abliegen, was ihnen ursprünglich vorschwebte.
Es gibt darüber hinaus in diesem Prozeß der Wissenschaft vom Judentum im 19. Jahrhundert etwas wie eine Verzauberung der jüdischen Geschichte selber, eine Verzauberung, die sich in einer besonderen Art von Idyllik äußert, einer merkwürdigen Verunsinnlichung. Die alten Bücher der Juden, von wenigen Generationen verraten, sind für dieses 19. Jahrhundert undurchsichtig geworden, sie werden oft nur noch als antiquarisch interessant betrachtet; sie schikken ihre Strahlen nicht mehr nach außen, sondern strahlen sozusagen nur noch in sich selber, sind unsichtbar geworden. Es ist aber ein verborgenes Leben

in diesem jüdischen Wesen, das der Entzauberung und Erlösung wartet, die in den großen Werken der Wissenschaft vom Judentum oft vermißt wird. Die lebendige Beziehung zu den Fakten der jüdischen Literatur, des jüdischen Schrifttums besteht eigentlich nur, soweit es sich der zeitgemäßen Ausnutzung für den staatsrechtlichen und apologetisch-theologischen Kampf der Juden in Europa, besonders in Westeuropa als geeignet darbot – jenseits davon gibt es kaum eine unmittelbare lebendige Beziehung zu diesen Dingen. Es gehört zu den Merkwürdigkeiten unserer Vergangenheit, daß es heute fast unmöglich ist, mit Genuß die Übersetzungen zu lesen, die im 19. Jahrhundert in diesen Kreisen von hebräischer Dichtung und großen Werken bedeutender Prosa geschaffen worden sind. Alle haben sie irgend etwas, ich möchte sagen Verzaubertes an sich, etwas merkwürdig jüdisch Kitschiges, was dem Original völlig fremd ist. Diese Originale, die oft von sehr unbürgerlicher und ganz anderer, unerhört lebenserfüllter Art sind und eine von allen Schauern der eigenen Geschichte geschüttelte Atmosphäre ausstrahlen, haben in den Übersetzungen, die ich als junger Mensch zuerst in die Hand bekam, etwas eher Gruseln machendes gehabt.

Die Situation und die Funktion der Wissenschaft vom Judentum hat sich weitgehend geändert. Apologetik hatte in ihr lange eine ungeheure Rolle gespielt, eine unerhört positive Rolle, die wir nicht vergessen sollen. Sie hat die Juden gezwungen, im Kampf um die Gleichberechtigung, der für die Wissenschaft vom

Judentum von entscheidender Bedeutung war, vor allem eine Auswahl der Themen zu treffen. In der Zensur dessen, was berücksichtigt wurde und was als nicht berücksichtigenswert erschien, lag schon eine große Leistung, so fragwürdig uns heute die Prinzipien dieser Auswahl oft erscheinen mögen. Wir dürfen nicht vergessen, daß das bedeutendste Werk, das die Wissenschaft vom Judentum überhaupt erst zum Rang einer wissenschaftlichen Disziplin erhoben hat, Zunz' großes Werk über »die gottesdienstlichen Vorträge der Juden« (1832) aus apologetischen Gründen geschrieben wurde, um zu beweisen, daß die deutsche Predigt, um die damals in den Gemeinden hart gekämpft wurde, eine geschichtliche Berechtigung hatte. Ein apologetisches, an die Adresse der Gemeinden nicht weniger als die der Regierungsorgane gerichtetes Unternehmen war also für eine der größten Leistungen der Wissenschaft vom Judentum bestimmend, die für jeden Betrachter noch heute einen ihrer Glanzpunkte darstellt. Apologetik war der große Anreiz im Kampf mit dem alten und neuen »Risches«, im Kampf mit allen möglichen politischen, auch innerjüdischen Tendenzen, und die Wissenschaft wurde zur Durchsetzung von solchen politischen Zielen benutzt. Die jüdische Wissenschaft war eine Macht in diesem Kampf, eine oft entscheidende Waffe, wie wir heute rückschauend erkennen können. Zugleich enthielt diese Einstellung allerdings auch die ungeheure Gefahr der einseitigen Abstellung des Interesses auf solche Dinge, die in der Apologetik verwertbar waren. Viele von uns werden wissen, daß es große Gebiete gab, die sich unter apologetischen Gesichtspunkten recht widerhaarig zeigten. Daß solche Gebiete von der jüdischen Wissenschaft dann mit größtem Mißtrauen, mit Abneigung, ja mit offener Feindschaft betrachtet wurden, versteht sich von selbst. Es gilt das für große Gebiete der jüdischen Literatur, des jüdischen Lebens, der Kultur, die unter den Gesichtspunkten eines aufklärerisch gesonnenen, eines geläutert rationalen Judentums des 19. Jahrhunderts nicht recht verwertbar schienen und daher als unjüdisch, allenfalls als halbheidnisch, herausgeworfen wurden, wie etwa alle Phänomene der jüdischen Mystik, deren Studium ich meine eigene Arbeit gewidmet habe, oder Gebiete, die daran anschließen. Die Unfähigkeit, Dinge wahrzunehmen, Fakten des Geistigen darzustellen, die jenseits einer geläuterten Theologie liegen, die es auch den Nichtjuden rechtmachen könnte, soweit sie vernünftig und rational dachten – all das führte dazu, daß solche Gebiete draußen blieben. Und das bezieht sich nicht nur auf große geistige Erscheinungen, wie den Chassidismus oder die Kabbala, es bezieht sich auch auf ganz reale handgreifliche Manifestationen jüdischen Lebens, wie etwa das Entsetzen zeigt, mit dem die jüdische Wissenschaft auf die ausschließlich von Nichtjuden, zum Teil unter antisemitischen, zum Teil unter völlig sachlichen Gesichtspunkten, behandelte Frage der jüdischen Unterwelt des 18. und 19. Jahrhunderts, des jüdischen Gaunertums, Räuberwesens und ähnlicher Dinge reagiert hat. Ein Thema, das ein striktes Tabu in der jüdischen Wissenschaft darstellte, während doch zugleich der Wunsch nach

Darlegung der Beziehungen der Juden zur nichtjüdischen Umwelt ein Problem ersten Ranges schuf, das nach Formulierung drängte. Aber das Problem wurde nur unter den »vornehmsten« Gesichtspunkten abgehandelt. Man behandelte grundsätzlich nicht, was im Keller vorging; man betrachtete nur, worum es sich im Salon, zwischen der Bibel und Luther, zwischen Hermann Cohen und Kant, zwischen Steinthal und Wilhelm von Humboldt handelte. Daß es aber auf den verschiedensten Gebieten »im Untergeschoß« genau die gleichen Beziehungen gab, Beziehungen unerhört realer Natur, in einer allerdings nicht immer, oder überhaupt nicht im »Salon« zulässigen oder vertretbaren Art, das übersah man. Diese Dinge fallen einfach aus; wir müssen sie uns heute unter größten Schwierigkeiten zusammensuchen, um ein einigermaßen vollständiges Bild davon zu bekommen, wie der jüdische Organismus in seiner Beziehung zur wirklichen Umwelt funktioniert hat, um festzustellen, in welchen verschiedenen Stockwerken, vom vornehmsten bis zum verachtetsten, hier ein lebendiger Austausch, ob er uns nun gefalle oder nicht, stattgefunden hat. Diese Dinge sind damals selbstverständlich, und nur allzu begreiflich, der eigenen Zensur verfallen.

Wo stehen wir heute? So viel Apologie vermag, und ich sage, sie vermag viel, wir haben heute eine Wendung durchgemacht, eine Wendung, die vor allem in drei Momenten sich äußert. Die Bewegung des Zionismus, die das Judentum wieder – wie der junge Zunz am Anfang von allem – als einen lebendigen

Organismus auffaßte und nicht nur als Idee, und die daher ganz andere Wertakzente legen konnte als eine rein philosophisch-theologisch bestimmte Betrachtung dessen, was Judentum als historisches Phänomen darstellt – der Zionismus hat die erste prinzipielle Wende gebracht, obwohl in den ersten 20 oder 30 Jahren der Bewegung die eigentliche wissenschaftliche Arbeit kaum davon berührt war. Viele Gelehrte waren sogar Zionisten, aber Konsequenzen radikaler Art für die wissenschaftliche Arbeit, für die Problematik ihres Forschungsbereiches haben nur sehr wenige daraus gezogen. Doch kam mit dieser Wendung etwas Neues hoch, es ergab sich die Möglichkeit, daß Menschen sich gerade als Folge ihrer zionistischen Entscheidung entschlossen, sich der Wissenschaft vom Judentum ganz zu widmen, Menschen, die keinerlei theologische Bindung hatten, die nicht mehr von rabbinischen Interessen herkamen, was vielleicht einerseits ein Nachteil war, andererseits aber auch seinen Vorteil hatte, weil es, wenn es sich um das lebendige Ganze handelt, vielleicht eine umfaßendere Perspektive eröffnet. Für den Zionismus war die jüdische Geschichte ein organisch in der Auseinandersetzung der jüdischen und nichtjüdischen Welt sich vollziehender Prozeß. Die neuen Wertakzente, die der Zionismus setzte, brachten frischen Wind in ein Haus, das scheinbar vom 19. Jahrhundert her nur allzu wohl geordnet war. Diese Lüftung hat uns gut getan und hat dazu geführt, daß im Rahmen des Palästina-Aufbaus Zentren entstanden sind, wie die Hebräische Universität in Jerusalem, in der die judaistischen Studien zwar in den Mittelpunkt gerückt wurden, aber ohne jede ideologische Akzentuierung nach einer bestimmten Seite, wo jeder frei ist zu sagen und zu lehren, was seiner wissenschaftlichen Ansicht entspricht, ohne auf irgend eine religiöse (oder antireligiöse) Richtung festgelegt zu sein. Dadurch ergaben sich große Chancen, jüdische Urkunden, jüdische Vergangenheit und jüdisches Geistesleben in ganz anderer Tiefe und Lebendigkeit zu betrachten als sie je vorher bestanden.

Freilich, die zwei anderen Momente sind nicht weniger bedeutsam, obwohl wir über sie heute schon kaum etwas Ernstliches sagen könnten. Ich meine die Katastrophe, die wir alle erlebt haben, und die Staatsgründung Israels. Die Bedeutung dieser beiden Momente für die Wissenschaft vom Judentum kann nicht hoch genug veranschlagt werden. Nie wieder werden wir die jüdische Geschichte und die Existenzbedingungen einer jüdischen Gesellschaft mit denselben Augen ansehen können wie vorher. Die Katastrophe hat eine Sicht endgültig und radikal beseitigt, welche nur bis dahin möglich war. Nunmehr kann das Judentum nicht mehr anders gesehen werden, als in der Kontinuität eines sozialen Ganzen, das zwar unter der Inspiration von großen Ideen kämpfte, aber von ihnen niemals bis zu Ende regiert und dirigiert wurde. Die Katastrophe hat aber zugleich den Ast abgesägt, auf dem wir saßen. Das größte Kräftereservoir, der Nachwuchs, die Hoffnung auf eine enthusiastische Jugend, die von der Idee eines neu zu sehenden jüdischen Gesamtbildes, einer neuen jüdischen Geschichtsschreibung angezogen, sich diesen Aufgaben zuwenden würde, ist in Auschwitz und anderswo geblieben. Es ist müßig, sich darüber Illusionen zu machen. Wir haben einen Blutverlust erlitten, dessen Auswirkung im Geistigen, im wissenschaftlich Produktiven gar nicht absehbar ist. Wir haben auch selbst noch kaum die Möglichkeit gehabt – in der geringen Distanz, in der wir zu den Ereignissen stehen –, die Bedeutung dessen, was wir selbst erlebt und erlitten haben, zu rationalisieren und wissenschaftlich zu durchdringen. Es ist einfach noch nicht möglich, heute schon die Konsequenzen zu ziehen. Als 1492 die große Katastrophe der Vertreibung der Juden aus Spanien einen der größten, der blühendsten, der geistig wichtigsten Zweige vom Lebensbaum des Judentums plötzlich abbrach, da hat es innerhalb des jüdischen Volkes sehr lange gedauert, ehe es von innen her zu einer wirklichen Abrechnung, einer wirklichen Bewältigung dessen, was geschehen war, kommen konnte. Es hat, bis es dazu kam, im 16. Jahrhundert zwei Generationen gedauert. Es wird heute nicht sehr viel anders sein. Ich glaube nicht, daß wir, die Generation derer, die dieses Erlebnis in uns selber oder in unseren Nächsten, in allem, was uns nahe war, erfahren haben –, daß wir imstande sind, schon heute die Konsequenzen zu ziehen; aber der Einfluß all dessen, was passiert ist, das Bild der Katastrophe, muß für die Problematik der jüdischen Wissenschaft überwältigend sein und kann für mein Gefühl gar nicht hoch genug veranschlagt werden.

Ähnlich verhält es sich aber auch mit der Staatsgründung von Israel, der einzigen bisher übersehbaren positiven Folge der Katastrophe. Beide Dinge sind ja wohl irgendwie zwei Seiten eines einzigen ungeheuren historischen Vorganges. Die Bedeutung der Tatsache, daß das jüdische Volk seine Probleme ohne jedes Schielen nach rechts und links zu lösen versuchen kann, die Frage der Auseinandersetzung zwischen Juden und Nichtjuden stellen kann, an die historische Klärung all der Probleme, die geschichtlich und geistig zwischen Juden und Nichtjuden anhängig sind, heranzugehen imstande ist, daß derartige Probleme aufgenommen und erörtert werden können, unabhängig von dem, was jemand anders dazu sagt, ohne jede Rücksicht auf äußere Bedenken – das ist die ungeheure Chance. Wie immer, entspricht der produktiven, großartige Möglichkeiten aufweisenden, positiven Chance auch eine große Gefahr. Wir alle, und gerade die, die in Israel wirken und ihre wissenschaftliche Arbeit mit dem dortigen Geschehen innerlich verbunden haben, wissen, daß es bei dieser Sache auch Gefahren gibt. Das Judentum als Ganzes ist mehr als irgendeine noch so lebendige Idee, die uns bewegt. Die Gefahr, daß jüdische Geschichte etwa nun einseitig als ein immer und stets unter zionistischen Gesichtspunkten ausgerichteter Prozeß betrachtet wird, ist in keiner Weise von der Hand zu weisen. Die Erbschaft einer umgekehrten Apologetik, einer Apologetik, die nun sozusagen alles und jedes zionistisch revidiert, ist nicht ohne ernste Beispiele in unserer wissenschaftlichen Arbeit. In Wirklichkeit haben wir uns noch immer nicht freimachen können, und es ist wohl auch in einem lebendigen Prozeß gar nicht möglich, sich von solchen Erbschaften über Nacht freizumachen. Wir haben das Amateurische, das Einseitige, das Idyllische, das die schiefen Perspektiven des Sozialen allein Betonende noch immer nicht überwunden. Wer an der jüdischen Wissenschaft melancholisch werden will, dem genüge es, die letzten zwanzig Jahrgänge der »Jewish Quarterly Review«, die in Amerika erscheint, zu lesen, und er kann den Mut zur jüdischen Wissenschaft verlieren. Oder er lese ein anderes Dokument unserer Tage, die hebräische Zeitschrift »Sinai«, die in Jerusalem erscheint, und die Lektüre wird mit umgekehrten Vorzeichen dieselbe Melancholie beim Leser, dem an wissenschaftlichem Denken liegt, erzeugen. Es ist nicht so, daß nun heute alles sich schon geöffnet hat und freisteht. Aber es sind doch große Perspektiven mit diesem, wenn ich so sagen darf, utopischen Rückzug des jüdischen Volkes auf seine eigene Existenz und dem Entschluß, diese eigene Existenz einzusetzen, freigeworden, Perspektiven, die in der wissenschaftlichen Arbeit selbstverständlich wirksam werden. Die säkularisierte Betrachtung des Jüdischen eröffnet eine ungeheuer positive Möglichkeit; sie wird, von theologischen Gesichtspunkten gesehen, vielleicht von ganz anderen Seiten her auf eine neue Weise an religiöse Fragestellungen heranführen, die aber dann nicht einfach durch von der letzten Generation ererbte Formeln bestimmt sein wird.

Die natürlichen Spannungen zwischen den Zentren, die nun entstehen, den wesentlichen Aktionszentren

in Israel und Amerika, nach denen sich das Zentrum des ehemals europäischen Wissenschaftsbetriebes im Judentum verlagert hat, werden weiter bestehen und fruchtbar bleiben. Gewiß, noch haben wir überall in der Welt große einzelne Figuren im Judentum, große Gelehrte. Aber lebendige Zentren werden sich wohl kaum jenseits dieser zwei großen Judentümer bilden, und alles, was dort vorgeht, wird immer in irgend einem Spannungsverhältnis stehen, wie es eben Lebendigem entspricht. Was wir hoffen müssen und wollen ist, daß große Einzelne Leistungen vollbringen werden, wie sie unter den neuen Perspektiven, der neuen Sicht der jüdischen Vergangenheit und der jüdischen Wesensart möglich sein werden. Wir brauchen uns in dieser Generation nicht zu beklagen; ein Fritz Baer in Jerusalem ist nicht weniger als Graetz, Baron ist nicht weniger als Dubnow, Saul Lieberman nicht weniger als Zacharias Frankel, Julius Guttmann und Harry A. Wolfson sind nicht weniger als David Neumark und David Kaufmann waren. Wir verfügen über Männer, die in der wissenschaftlichen Arbeit unserer Generation ein Erbe neu schaffen, das in seiner Lebendigkeit und der Aufwühlung von Fragestellungen, die nicht zur Beruhigung, sondern zum Nachdenken und Weiterdenken bestimmt sind, nicht gegen Früheres zurückzustehen braucht.
Das ist unsere Situation heute. Wir haben abgesagt dem auf Flaschen Gezogenen, das in der Vergangenheit so oft Wissenschaft vom Judentum ausmachte. Wir haben uns dem Versuch verschrieben, das Lebendige im Judentum zu ergründen, statt einer an-

tiquarisch-literarhistorischen eine phänomenologisch durchdringende, sachliche Betrachtung zu unternehmen. Leistungen dieser Art auf talmudischem und religionsgeschichtlichem Gebiet, auf dem Gebiet der hebräischen Dichtung des Mittelalters, die erst in unserer Generation in ihrer Schönheit und Bedeutung sich überhaupt erschlossen hat, auf dem Gebiet der Volksliteratur, die früher überhaupt ganz ausgefallen war, sind schon sichtbar. So haben wir heute einen Begriff von großen Gegenständen, die auf Durchdringung warten. Die großen Schöpfungen des jüdischen Schrifttums sind noch lange nicht unter wissenschaftlichen Gesichtspunkten bewältigt. Eine Ästhetik der jüdischen Literatur steht noch völlig aus. Was eigentlich an den Produkten unserer Vergangenheit Form ist, das haben bisher nur sehr wenige herausbekommen. Ich sagte, wir alle stehen an einer großen Wende, die uns einen Auftrag stellt, dem auch der Erbe des deutschen Judentums sich mit voller Hingabe und Zustimmung unterziehen soll. Wir haben die Möglichkeit, durch echte Versenkung in wissenschaftliche Sachverhalte und Tatbestände das Ganze aus dem Kleinsten zu reorganisieren und zu rekonstruieren. Und solche Versenkung darf sich die Einsicht nicht verdrießen lassen, die aus dem großartigen Worte spricht, das im Namen von Aby Warburg überliefert wird: Gott wohnt im Detail.

Martin Bubers Deutung des Chassidismus

Daß Martin Buber zur Kenntnis der chassidischen Bewegung in der westlichen Welt einen entscheidenden Beitrag geliefert hat, darüber kann kein Zweifel bestehen. Bevor Buber es unternahm, den Chassidismus westlichen Lesern vorzustellen und zu deuten, war diese Bewegung der Religionswissenschaft im Grunde unbekannt – obwohl sie, seit ihrer Kristallisation in Podolien um die Mitte des 18. Jahrhunderts, einen der wichtigsten Faktoren im Leben und Denken der osteuropäischen Judenheit gebildet hatte. Solange die Ideen der Aufklärung seit dem Ende des 18. Jahrhunderts ihren Einfluß auch in jüdischen Kreisen behaupteten, erschien der Chassidismus im wesentlichen als ein Ausbruch einer extremen Form von Obskurantismus, als ein Verbündeter all jener Kräfte in der jüdischen Vergangenheit, zu denen die Wortführer des modernen aufgeklärten Judentums sich in schärfster Opposition wußten. Das gilt auch für die großen jüdischen Gelehrten des 19. Jahrhunderts, die das wissenschaftliche Studium der Welt des Judentums inaugurierten, von Männern wie Heinrich Graetz, Abraham Geiger und Leopold Zunz. Mystik und Gefühlsreligion lagen ihnen nicht, und sie verwarfen die Werte, die von solchen Bewegungen mit besonderem Nachdruck propagiert wurden. Erst um die Wende des Jahrhunderts versuchten manche jüdischen Schriftsteller und Gelehrte, besonders in Rußland, diese Erscheinung vorurteilslos zu betrachten. Diese neue Betrachtungsweise hing mit einer allgemeinen Umwertung der jüdischen Geschichte zusammen, die nunmehr als die Geschichte eines lebendigen Volkes behandelt wurde und nicht mehr als ein Musterbeispiel für eine aufgeklärte Theologie, das bei den meisten Gelehrten nach dem Ausmaß beurteilt worden war, in dem es abstrakten Wertmaßstäben von Philosophen und Theologen entsprach. Die neue Welle des jüdischen Nationalismus, die gegen Ende des 19. Jahrhunderts aufkam, und ein romantischer Impuls, die tieferen, im Leben der jüdischen Massen des Ostens wirksamen Kräfte zu entdecken, spielten bei diesem Standortwechsel eine große Rolle. Gelehrte wie Simon Dubnow, Enthusiasten wie Samuel A. Horodezky und große Dichter wie Jizchok Leib Perez leiteten die neue Ära ein. Zwar waren Dubnows bahnbrechende Forschungen zur Geschichte des Chassidismus in einem bemerkenswert kühlen und reservierten Ton gehalten; dem stand aber der große Glanz gegenüber, den die Entdeckung der Welt der chassidischen Legende der Bewegung verlieh. Diese Entdeckung, die vor allem Perez und Berdiczewsky zu verdanken ist, besaß großen dichterischen Reiz und hat in der jüdischen Literatur, vor allem in hebräischer, jiddischer und deutscher Sprache, Epoche gemacht.

Innerhalb dieses Zusammenhangs muß Bubers lebenslange Faszination durch das Phänomen des Chassidismus und sein Beitrag zu dessen Verständnis gesehen werden. Als er in seiner jugendlichen Suche nach

lebendigem Judentum auf den Chassidismus stieß, überwältigte ihn die Botschaft, die er von dort zu vernehmen schien. Seitdem hat Buber mehr als fünfzig Jahre einer hervorragenden literarischen Laufbahn der immer neuen Formulierung des Sinnes dieser Botschaft gewidmet. Sein zionistisches Credo, das ihn zuerst auf die Spur des Chassidismus brachte, verwob sich nun mit der Überzeugung von der Bedeutung der chassidischen Lehre für die Wiedergeburt des Judentums. »Es wird keine Erneuerung des Judentums möglich sein, die nicht ihre Elemente in sich trüge.«
Buber, ein oft bezaubernder und stets kraft- und schwungvoller Prosaist, machte schon mit seinen ersten Büchern, den »Erzählungen des Rabbi Nachman« und der »Legende des Baalschem«, einen bedeutenden Eindruck. Seitdem verdanken wir seiner Feder einen schier unendlichen Strom chassidischen Materials und deutender Auseinandersetzung, der seinen Höhepunkt in den »Erzählungen der Chassidim« (in der »Manesse Bibliothek der Weltliteratur«) und anderen Büchern mehr theoretischen Charakters, wie »Die chassidische Botschaft«, erreicht hat, Büchern, die vor allem seit dem Ende des Zweiten Weltkriegs eine überaus nachhaltige Wirkung ausgeübt haben.

Bubers Einfluß ist nicht schwer zu erklären. Während die Begeisterung mancher anderer Apologeten für die Lehren des Chassidismus, wie etwa Horodezky, im wesentlichen naiv war und ihre Bücher eine seltsame Mischung von liebenswürdiger Einfalt und Langeweile bilden, haben wir es bei Buber mit einem tiefsinnigen und eindringenden Denker zu tun, der nicht nur Intuition bei anderen bewundert, sondern selber über sie verfügt. Er besitzt jene seltene Verbindung eines tiefschürfenden Geistes mit literarischer Eleganz, die den großen Schriftsteller macht. Wenn ein Autor von solchem Rang und solcher Subtilität mit so unermüdlichem Ernst darlegte, was ihm die eigentliche Seele des Chassidismus auszumachen schien, so mußte das einen tiefen Eindruck auf unser Zeitalter machen. Wir alle sind in irgend einem Sinne seine Schüler. In der Tat denken wohl die meisten von uns, wenn sie über Chassidismus sprechen, vor allem in den Begriffen, die ihnen durch Bubers philosophische Deutung vertraut geworden sind, und vielen Autoren, die in diesen Jahren über Buber geschrieben haben, ist es, vieler Hinweise bei ihm selber ungeachtet, überhaupt nicht bewußt geworden, daß es sich bei Bubers Werk um eine Deutung handelt, deren Beziehung zur Sache selbst problematisch sein könnte. Hat doch Buber, wie ein nachdenklicher Leser mir einmal bemerkte, für den europäischen und amerikanischen Leser überhaupt erst den Kanon dessen, was Chassidismus ist, zugleich mit seiner Deutung geschaffen. Diese Deutung war von solchem Reichtum anscheinend unwiderleglicher Beweisstücke in der Form chassidischer Legenden und Aussprüche begleitet, daß sie jeden etwaigen Kritiker zum Verstummen zu bringen geeignet war.

In der Tat: die mehr als fünfzig Jahre von Bubers neo-chassidischer Wirksamkeit haben nicht nur in der jüdischen Welt einen starken Widerhall gefunden.

Zugleich haben sich urteilsfähige Forscher einigermaßen reserviert verhalten, wenn es darum ging, grundsätzliche Fragen aufzuwerfen, die die Haltbarkeit dieser beflügelten und ergreifend schön formulierten Deutung unter kritischer und nüchterner Analyse betreffen würden. Dubnow hat zwar einige allgemein gehaltene Zweifel über die allzu moderne Wendung dieser Deutung geäußert und von Bubers Büchern gesagt, sie seien »geeignet, die Kontemplation, nicht aber die Forschung, zu fördern«. Er hat aber für dies Urteil keinen Beweis angetreten, und die gefühlsmäßige (geschweige denn die künstlerische) Anziehungskraft der Buberschen Schriften war natürlich so unendlich viel größer als die ziemlich unfruchtbare Diskussion der chassidischen Gedankenwelt bei Dubnow, daß es kaum fraglich sein konnte, wessen Argumente größeren Eindruck machen würden. Während aber die historische Forschung inzwischen weit über Dubnows Leistung hinausgeschritten ist und viele neue Perspektiven und Einsichten in den Ursprung und die historische Entwicklung des Chassidismus eröffnet hat, haben Bubers Schriften – besonders die seiner späteren Jahre – erst kürzlich kritische Auseinandersetzungen hervorgerufen. Solche Auseinandersetzung scheint mir nun in der Tat sehr dringlich und am Platze. Wenn ich im folgenden eine solche Diskussion aufnehme, so muß ich mich dabei auf einige Punkte beschränken, die mir von grundsätzlicher Bedeutung erscheinen.

Eine kritische Analyse von Bubers Deutung des Chassidismus sieht sich von vorneherein gewissen speziellen Schwierigkeiten gegenüber. Deren größte liegt darin, daß Buber, dem niemand genaue Kenntnis der chassidischen Literatur abstreiten wird, nicht als Gelehrter schreibt, der die Belegstellen für seine Behauptungen klar und bündig angibt. Er kombiniert die Fakten und die Zitate, wie es seiner Absicht entspricht. Diese Absicht besteht aber darin, den Chassidismus als ein geistiges Phänomen, nicht als ein historisches darzustellen. Er hat öfters gesagt, er sei nicht an Geschichte interessiert. Im Zusammenhang unserer Erörterung bedeutet das zweierlei, und beides ist von gleich großer Wichtigkeit. Erstens läßt Buber sehr viel Material aus, das in seinen Erörterungen überhaupt nicht vorkommt, obwohl es für das Verständnis des Chassidismus als eines historischen Phänomens von größter Bedeutung sein mag. Dazu gehören, um nur zwei Beispiele zu nennen, das von ihm beständig weggedeutete oder minimalisierte magische Element und der soziale Charakter der chassidischen Gesellschaft. Zweitens erscheint das Material, das er auswählt, bei ihm häufig mit seiner eigenen Deutung seines Sinnes eng verbunden. Ich werde hierüber noch mehr zu sagen haben.

Die andere große Schwierigkeit, die dem kritischen Leser Bubers zu schaffen macht, hängt mit den Umständen seiner Entwicklung zusammen. Buber begann als ein schwärmerischer Bewunderer, ja man wird sagen dürfen: als ein Anhänger der religiösen Mystik. War es doch seine Entdeckung, daß es einen mystischen Kern lebendigen Judentums in der chassidischen Bewegung gab, die ihn mit so großer Gewalt ergriff, als er zuerst mit chassidischer Literatur und Überlieferung zusammenstieß. Damals sah er im Chassidismus die Blüte der jüdischen Mystik, die »Ethos gewordene Kabbala«, und so trägt seine frühere Deutung mystische Farben auf, wie etwa in dem mit Recht berühmt gewordenen Kapitel »Das Leben der Chassidim«, mit dem er 1908 die »Legende des Baalschem« einleitete. Einige Jahre später jedoch machte sein Denken eine weitere Entwicklung durch, die einen tiefen Wandel in seinen Anschauungen hervorbrachte. Dieser Wandel ist in seinen philosophischen Schriften am besten durch den Abstand gekennzeichnet, der zwischen dem Dialog »Daniel, Gespräche von der Verwirklichung« von 1913 und »Ich und Du« von 1923 liegt. Hier entsagte er der Welt der Mystik und nahm eine neue Stellung ein, die ihn in die vorderste Linie dessen brachte, was man heute religiösen Existentialismus nennen würde, wenn auch Buber diesen Begriff in seinen eigenen Schriften geradezu ostentativ zu vermeiden pflegt. Dennoch fuhr Buber weiter fort, seine Anschauungen, auch in dieser neuen Phase, am Chassidismus zu exemplifizieren. Ein kleines Heft wie »Der Weg des Menschen nach der chassidischen Lehre« ist nicht nur ein Kleinod der Literatur, sondern zugleich ein außergewöhnliches Lehrstück religiöser Anthropologie in chassidischer Sprache und von einer großen Menge authentischer chassidischer Aussprüche inspiriert. Freilich ist es gerade diese Frage nach der Natur der Inspiration, die Buber in den alten Worten fand, und nach der Verwandlung, die sie durchmachten, als er sie auf seine eigene Weise interpretierte, der ich einen entscheidenden Teil meiner Auseinandersetzung werde widmen müssen.

In dieser letzten und reifen Phase seiner auf Auswahl beruhenden Deutung des Chassidismus betonte Buber nun nicht mehr die wesentliche Identität der Kabbala und des Chassidismus, wie er das in seinen früheren Werken getan hatte. Zwar erkannte er immer noch starke Verbindungen zwischen den beiden Phänomenen an, aber es war ihm darum zu tun, einen wesentlichen Unterschied zwischen dem Chassidismus und der Kabbala zu begründen und festzuhalten. Von der Kabbala spricht er jetzt gern als Gnosis, was in seinem Mund nicht länger ein Lobspruch ist. Im Chassidismus sah er nun zwei miteinander im Widerstreit liegende Formen des religiösen Bewußtseins am Werk – wenn auch die Schöpfer der Bewegung sich dieser Spaltung nicht bewußt gewesen sein mögen. Die kabbalistische Tradition bestimmte die eine. Sie zielte auf die Kenntnis der Geheimnisse der Gottheit ab, oder doch mindestens auf eine Einsicht in sie, und mußte die Chassidim zu Spekulationen theosophischen Charakters führen. Buber war sich durchaus darüber klar, daß der Chassidismus sich innerhalb des Rahmens der lurianischen Kabbala entwickelt hat. Ja, er übernahm ausdrücklich meine eigene Charakteristik der Kabbala Isaak Lurias als eines klassischen Beispiels eines gnostischen Gedankensystems innerhalb des orthodoxen Judentums, wie ich sie in meinem Buch

»Die jüdische Mystik« gegeben habe. Diese kabbalistische Gnosis bildete aber – und darin stimme ich mit Buber überein – kein eigentlich schöpferisches Element im Chassidismus. Ihr Begriffsapparat wurde von den großen Meistern des Chassidismus benutzt, das Schwergewicht seiner Bedeutung aber aus der Sphäre der göttlichen Mysterien auf die Welt des Menschen und seiner Begegnung mit Gott übertragen. Dies bildet nach Buber den eigentlich schöpferischen Aspekt des Chassidismus. Und da es letzten Endes auf den schöpferischen Impuls ankommt, fühlte er sich berechtigt, das kabbalistische oder »gnostische« Element im Chassidismus so gut wie gänzlich zu ignorieren. Es bildet für ihn nicht mehr als eine Art Nabelschnur, die, sobald die neue geistige Kreatur einmal als ein Wesen eigenen Rechts existiert, durchgeschnitten werden muß, wenn wir die neue Erscheinung in ihrer authentischen Daseinsweise sehen und verstehen wollen.
Bubers Schriften sind voll von Formulierungen dieser Haltung. Ich möchte nur eine zitieren, die ich seiner Auseinandersetzung mit Rudolf Pannwitz entnehme:

»Die chassidische Bewegung übernimmt von der Kabbala nur das, was sie für die theologische Fundierung eines begeisterten und unexaltierten Lebens in der Verantwortung – Verantwortung jedes Einzelnen für das ihm anvertraute Stück Welt – braucht. Gnostische Theologeme, die so übernommen werden, verwandeln sich, ihr Boden und ihr Luftraum verwandeln sich mit ihnen. Aus Spiritualien, die im Unverbindlichen thronen, wird die Kernsubstanz der Bewährungen. Das Pneuma hat sich in den Gnaden einer Inbrunst niedergelassen, die den an der Kreatur geübten Gottesdienst befeuert. Damit ist alles anders geworden. An die Stelle esoterisch geregelter Meditationen ist die unvorschreibbare, immer wieder dem Augenblick entspringende Begabung jeder Handlung mit Intentionskraft getreten. Nicht in der Abgeschiedenheit von Asketen und Asketenschulen stellt sich nun das Heilige dar, sondern in dem sich Aneinanderfreuen der Meister und ihrer Gemeinde. Und – was in den Kreisen der alten Kabbala undenkbar gewesen wäre – der ›Einfältige‹, das heißt der von Natur in sich einige Mensch der ursprünglichen Devotio, der wie der rabbinischen Wissenschaft so auch des Geheimwissens entbehrt, aber beider entraten kann, weil er einig den einigen Dienst lebt, ist zu Ehren gekommen. Wo der mystische Wirbel kreiste, dehnt sich nun der Weg des Menschen.«

Diese Feststellung, von einer Stimme getragen, die Autorität beansprucht, kann gleichwohl den nicht überzeugen, der sowohl mit der kabbalistischen wie mit der chassidischen Literatur vertraut ist. Um aber die außerordentliche Mischung von Wahrheit, Irrtum und allzu starker Vereinfachung zu verstehen, die dies Zitat enthält, müssen wir unsere Aufmerksamkeit auf einen durchaus grundlegenden Zug in Bubers Haltung zum Phänomen des Chassidismus richten, nämlich auf seine Überzeugung, daß unsere Hauptquelle für die Erkenntnis des Chassidismus in seiner

Legende besteht. Diese Überzeugung, zusammen mit Bubers Methode der Auswahl, vermag allein Behauptungen wie die eben zitierte zu erklären.
Hier müssen wir den Hinweis darauf einschalten, daß die umfangreiche Literatur des Chassidismus letzten Endes in zwei Kategorien zerfällt. Einmal gibt es ein überaus umfangreiches Korpus theoretischer Schriften, die meistens aus Predigten und Vorträgen, Kommentaren zu biblischen Texten, Traktaten über das Gebet und andere Gegenstände des religiösen Lebens bestehen. Die bei deutschen Lesern, die ihre Kenntnis über den Chassidismus aus Buber beziehen, weitverbreitete Vorstellung, daß es sich im Chassidismus um eine reine »Laienmystik« ungelehrter Gruppen handelt, wird von dieser Literatur schlagend widerlegt. Die wichtigsten dieser Werke wurden zwischen 1770 und 1815 abgefaßt, als der Chassidismus in bitteren Auseinandersetzungen eine Macht im östlichen Judentum wurde und seine Anschauungen und Lebensart mündlich und schriftlich zu verbreiten suchte. In diesen Werken sind die Lehren der großen Heiligen des Chassidismus, der Zaddikim, niedergelegt, wobei auch zur Illustration häufig epigrammatische Aussprüche oder kurze Anekdoten von ihnen zitiert werden. Ein noch viel umfangreicheres Schrifttum desselben Typus entstand nach 1815, enthält aber meistenteils nur Variationen der Grundmotive, die in den älteren Büchern angeschlagen und entwickelt worden waren, wenngleich es auch hier und da nicht an neuen Gedanken fehlt. Diese Literatur umfaßt weit über tausend Bände. Dem steht die zweite Kategorie gegen-

über, die ebenfalls aus einem sehr umfangreichen Korpus von Legenden, Biographien und Erzählungen über die Wunder der Zaddikim sowie aus Sammlungen ihrer denkwürdigen Aussprüche besteht. Diese Gattung der Legende entwickelte sich am Ende des 18. Jahrhunderts und genoß bei den chassidischen Massen eine immer steigende Popularität, da es hieß, Geschichten von Heiligen zu erzählen, sei auf der geistigen Ebene ebenso fruchtbar wie das Studium der göttlichen Mysterien. Die Hauptzüge der chassidischen Legende verdanken ihre Kristallisation der ersten Hälfte des 19. Jahrhunderts, wobei in vielen Fällen Legenden viel älterer Herkunft und aus anderen Kreisen eingeschmolzen und auf die großen Persönlichkeiten des Chassidismus übertragen wurden. Seit etwa 1860 sind mehrere hundert Bände dieser Gattung erschienen, und jede einzelne Gestalt unter den chassidischen Führern, auch der letzten Generationen, wurde mit einem solchen Legendenkranz geschmückt.

Es ist nun für Bubers Darstellung und Deutung des Chassidismus entscheidend, daß sie fast ausschließlich auf dieser zweiten Kategorie des chassidischen Schrifttums beruht – auf den Legenden, Epigrammen und Anekdoten der chassidischen Heiligen. Er sagt: »Weil der Chassidismus in erster Reihe nicht eine Kategorie der Lehre, sondern eine des Lebens ist, ist unsere Hauptquelle zu seiner Erkenntnis seine Legende, und erst nach ihr kommt seine theoretische Literatur. Diese ist der Kommentar, jene der Text, wiewohl ein in äußerster Korruptheit überlieferter, in seiner Reinheit unwiederherstellbarer. Es ist töricht einzuwenden, die Legende übermittle uns nicht die Wirklichkeit des chassidischen Lebens. Natürlich ist die Legende keine Chronik, aber sie ist wahrer als die Chronik für den, der sie zu lesen versteht.«

Diese konsequente Betonung des Vorrangs der legendären Überlieferung gegenüber der theoretischen Literatur zeigt, daß Buber an den Chassidismus mit einem methodischen Prinzip herantritt, das mir überaus fragwürdig erscheint. Bubers Terminologie ist freilich einigermaßen angetan, Unklarheit zu stiften. Denn was ist eine »Kategorie der Lehre« im Gegensatz zu einer des »Lebens«, wenn es sich um die Analyse eines historischen Phänomens handelt, dessen Lehre nicht etwa von dem Leben, das sie forderte, durch einen Abgrund getrennt, sondern mit diesem Leben unauflöslich verbunden ist? Bubers Metaphern über Text und Kommentar sind irreführend und lassen den historischen Sachverhalt nicht erkennen, demzufolge der sogenannte Kommentar die erste und höchst autoritative Darlegung über die Bedeutung dieses Lebens war, lange bevor die Legende sich um es rankte. Die von Buber statuierte Identität von Legende und Leben ist fiktiv. Genau gesprochen sind natürlich auch diese Legenden selber nicht mehr als ein Kommentar zu dem, was man mit Buber Leben nennen dürfte. Das Leben spiegelt sich sowohl in der Legende wie in der Lehre wider, aber es muß nachdrücklich gesagt werden, daß zwar die Entstehung dieses chassidischen Lebens selber tief von den Ideen beeinflußt und gestaltet wurde, die in der theoretischen Literatur niedergelegt sind, während es in seinem Ursprung sicherlich nicht von der Legende beeinflußt war.

Bubers zweideutiger Gebrauch des Begriffes »Leben« hat ihm eine Falle gestellt. Selbstverständlich haben die Legenden unter ästhetischen Gesichtspunkten der Darstellung einen beträchtlichen Vorteil und Reiz und bieten sich einer subjektiven Ausdeutung leichter dar als die theoretischen Schriften, in denen ein Gedankengang näher entwickelt und durchgeführt wird. Dennoch wird, meiner Überzeugung nach, eine Diskussion des Sinnes des Chassidismus, auch wenn wir es mit Buber »chassidisches Leben« nennen, sich entscheidend auf diese Schriften stützen müssen. Es ist nun sehr aufschlußreich, daß im Laufe der Jahre, je mehr Buber seine existentialistische und subjektivistische »Philosophie des Dialogs« entfaltete und ausarbeitete, die Hinweise auf die theoretische Literatur des Chassidismus bei ihm immer schwächer und spärlicher wurden. Ich möchte vermuten, daß es vielen Lesern Bubers nicht einmal in den Sinn kommt, daß solche Literatur überhaupt existiert.
Offensichtlich betrachtete Buber diese Quellen als viel zu abhängig von der älteren kabbalistischen Literatur, um als echt chassidisch angesehen werden zu können. Und diese Abhängigkeit springt in der Tat in die Augen. Viele von ihnen, und darunter einige der berühmtesten chassidischen Bücher, sind vollständig in der Sprache der Kabbala geschrieben, und es ist ein tiefliegendes Problem der Forschung, genau zu be-

stimmen, worin eigentlich ihre Ideen von denen ihrer kabbalistischen Vorgänger abweichen. Es liegt auf der Hand, daß die chassidischen Autoren keine Ahnung davon hatten, daß sie in irgendeiner Weise mit der gnostischen Tradition der Kabbala gebrochen haben sollten, und sie schrieben klar und deutlich als Gnostiker, so wenig Buber das wahrhaben will. Als Buber sich für die Legende des Chassidismus als dessen wahrhaft schöpferische Leistung erklärte, begab er sich in eine ungemein paradoxe Position. Er mußte behaupten, die Originalität der Bewegung enthülle sich wirklich echt erst in einer Literaturgattung, die zum weitaus größten Teil fast 50 Jahre nach der Periode entstand, in der der Chassidismus tatsächlich produktiv war und in der er sich in jenem theoretischen Schrifttum niederschlug, das Buber so entschlossen beiseite schob. Das ist eine Position, die sich nicht halten läßt.

Um es kurz zu sagen: Indem Buber seine Wahl traf und ausließ, was mit deren Anforderungen in Konflikt geriet, beansprucht er eine Autorität, die wir ihm nicht einräumen können. Das Unternehmen, die Welt des Chassidismus, die Lebensform, die er propagierte, und die Lehren seiner Meister ausschließlich auf Grund seiner Legende zu beschreiben, entspräche genau dem, die Mystik des Islam unter Zuhilfenahme der Epigramme der großen Sufis allein, ohne Rücksicht auf ihre umfangreiche theoretische (und ebenfalls »gnostische«) Literatur darstellen zu wollen, oder den Katholizismus zu beschreiben, indem man die schönsten Aussprüche der Heiligen der Kirche auswählt und deutet, ohne sich um die dogmatische Theologie der Kirche zu kümmern. Nun ist es klar, daß ein solches Verfahren denkbar ist, und eine Analyse oder sogar eine bloße Zusammenstellung von Aussprüchen ihrer großen Geister würde zweifellos wunderbare Sichten in die Welten des Sufismus oder des Katholizismus eröffnen. Solche Worte, in denen sich die Reaktion eines bedeutenden Kopfes auf das Gedankensystem, in dem er lebt, oder die Art, in der er es auffaßt, widerspiegelt, haben natürlich einen starken Anstrich von dem, was man heutzutage existentielle Bedeutung nennen würde. Ich wäre der letzte, das abzustreiten. Aber der Gewinn und die Erleuchtung, die wir aus einer Kompilation oder gar tiefsinnigen Deutung solcher Worte oder Legenden schöpfen würden, dürfte uns keinesfalls dazu verführen, nun zu denken, sie repräsentierten die wirkliche Lehre des Sufismus oder Katholizismus, deren im eigentlichen Sinne dogmatische Züge in einer Darstellung dieser Art nur allzuleicht verwischt werden würden.

Das nun trifft genau auf Bubers Auswahl des chassidischen Materials zu. Diese Legenden und Aussprüche sind zweifellos höchst eindrucksvoll und haben ebenso zweifellos ein allgemein menschliches Interesse; wollen wir aber wissen, was sie wirklich in ihrem ursprünglichen Zusammenhang bedeutet haben, so bliebe uns immer noch nichts übrig, als auf jene Primärquellen zurückzugreifen, die Buber als bloß sekundär beiseite schiebt. Wir werden noch sehen, wie wichtig dieser ursprüngliche Zusammenhang ist, wenn wir den zentralsten Punkt in Bubers Deutung des Chassidismus erörtern werden. Als Schriftsteller, ja auch als dem Verkünder einer Botschaft werden wir Buber gern das Recht zur Auswahl des ihm Zusagenden einräumen, wenn auch diese Auswahl manche Zweideutigkeit nach sich ziehen mag. Ob aber solche Auswahl die Grundlage für ein wirkliches und wissenschaftliches Verständnis dessen, was ihn am meisten am Chassidismus anzog, bilden kann, scheint mir sehr zweifelhaft.

Natürlich steckt ein Stück Wahrheit in Bubers Auffassung von der Beziehung zwischen Chassidismus und Kabbala. Auch wenn man sagen darf, daß die Chassidim niemals ihren Enthusiasmus für die Lehren des Buches Sohar, der Bibel der jüdischen Mystiker, und der lurianischen Kabbala verloren und keine Seite eines chassidischen Buches ohne beständigen Rückgriff auf diese Überlieferungen verständlich ist, bleibt es doch wahr, daß die chassidischen Schriftsteller bei der Bearbeitung der theosophischen Lehrpunkte der Kabbala sich nicht als besonders schöpferisch bewiesen haben. Alle Erforscher des Chassidismus sind einer Meinung darüber, daß ihr wertvollster Beitrag anderswo liegt. Sie benutzen die alten Formeln, Begriffe und Ideen, denen sie nur eine neue Wendung geben. Buber ist also durchaus im Recht, wenn er sagt, daß gnostische Theologumena, die von den Chassidim übernommen werden, oft eine Verwandlung durchmachen. In was verwandeln sie sich? In Aussagen über den Menschen und seinen Weg zu Gott.

Chassidische Autoren lieben es, die kabbalistische Begriffssprache, die sich ursprünglich auf die Geheimnisse der Gottheit bezog, so umzudeuten, daß sie nun von dem persönlichen Leben des Menschen und seiner Beziehung zu Gott zu sprechen scheint. Auf solche »moralische« Umdeutung des alten theosophischen Vokabulars wird großer Nachdruck gelegt. In den Schriften des Rabbi Bär von Mesritsch – dem 1772 gestorbenen Schüler des Baalschem, dem der Chassidismus erst seine Organisation verdankt – findet sich eine lange Reihe von Seiten, wo er fast systematisch einzelne kabbalistische Begriffe aufnimmt, um ihre Bedeutung als Schlüsselwort für das persönliche Leben des Frommen zu erklären. Sie verlieren dadurch nicht etwa ihre ursprüngliche Bedeutung, in der sie in der Tat auch weiterhin noch auftreten, vielmehr erwerben sie eine zusätzliche Sinnesschicht.

Soweit würde ich mit Buber übereinstimmen. Aber wiederum geht er in seinen Behauptungen zu weit, wenn er das Ideal des Kabbalisten, der in die Mysterien Gottes eingeweiht ist, dem des einfachen Mannes gegenüberstellt, der zwar des rabbinischen und gnostischen Wissens entbehrt, aber in seinem Leben »Einheit« verwirklicht hat. Dies dürfte eine falsche Alternative sein. Niemals haben die Kabbalisten die Möglichkeit ausgeschlossen, daß ein einfacher und ungelehrter Mensch die höchste geistige Vollendung erreichen kann, und ebensowenig hat der Chassidismus solche Erscheinung des »Einfältigen« als sein höchstes Ideal verkündigt. In der Tat tritt er hier und da in der chassidischen Legende auf, die gerade in dieser Hinsicht eine viel ältere vorchassidische jüdische Überlieferung aufgenommen hat, aber die chassidische Lehre weiß nichts davon, daß er etwa das höchste Ideal darstellt, das der Jünger realisieren soll. Ganz im Gegenteil: unermüdlich wiederholt sie die Lehre von der notwendigen Wechselwirkung zwischen dem wahrhaft geistigen Menschen – der immer als ein gnostischer Eingeweihter erscheint – und den einfachen Leuten. Nur dadurch, daß sie beide sich an ihre gemeinsamen »Wurzeln« in der geistigen Welt binden, können diese zwei Menschengattungen die wahre chassidische Gemeinschaft zustande bringen, die beide braucht. Die chassidischen Legenden, die dem Glauben des Ungelehrten Ehre zollen, unterscheiden sich in nichts Wesentlichem von denen, die man in allen großen Religionen findet, und nur in seltensten Fällen werfen sie Licht auf die spezifische Wertleiter, die die chassidische Literatur zur Nachfolge aufstellt, und auf die Methoden, die hier für die Erlangung der innigen Verbindung mit Gott vorgeschrieben werden. Dies letztere Anliegen, die Erlangung der *communio* mit Gott, ist das Zentrum des Chassidismus.

Ich stimme Buber zu, wenn er sagt: »Was der Chassidismus im Verhältnis zur Kabbala anstrebt, ist die Entschematisierung des Mysteriums. Das altneue Prinzip, das er vertritt, ist, geläutert wiederhergestellt, das der kosmisch-metakosmischen Macht und Verantwortung des Menschen. ›Alle Welten hangen an seinen Werken, alle schauen aus und bangen nach der Lehre und der Guttat des Menschen.‹ Dieses Prinzip, kraft dessen reiner Intensität der Chassidismus zur religiösen *Begegnung* wird, ist kein neues Lehrelement... Es ist nur hier zur Mitte einer Lebensform und einer Gemeinschaft geworden.« Die Auffassung, daß die Aktion des Menschen eine Begegnung mit Gott darstellt, ist zweifellos, und durchaus mit Recht, für Bubers Betrachtungsweise zentral. Sie nimmt in seinen chassidischen Schriften ungeheure Dimensionen an, aber die Frage erhebt sich: trifft die Deutung, die er diesem Prinzip gibt, wie er behauptet, wahrhaft in den Herzpunkt des Chassidismus?

In der Tat lehrt der Chassidismus, daß der Mensch Gott in der Konkretheit seines Handelns in der Welt begegnet. Was dachten sich nun die Chassidim dabei? Die Antwort ist klar: dem großen Mythos von Exil und Erlösung zufolge, als welcher die lurianische Kabbala ist, sind »Funken« des göttlichen Lebens und Lichtes über die ganze Welt in Verbannung zerstreut und bangen danach, durch die Handlungen des Menschen »erhoben« und an ihren ursprünglichen Platz in der göttlichen Harmonie allen Seins restituiert zu werden. Dieser kabbalistische Mythos, dessen verwikkelte Details hier nicht dargestellt zu werden brauchen – ich habe darüber in meiner »Jüdischen Mystik« eingehend gehandelt – ist wohl das wichtigste Erbe, das der Chassidismus von der Kabbala übernahm. Die vielen Variationen, die dieser Mythos hier erfuhr, liefen darauf hinaus, daß, da diese »heiligen Funken« ja ausnahmslos überall vorhanden sein sollten, der Chassidismus im Prinzip die Existenz einer rein profanen Lebenssphäre leugnete, die für die religiöse

Aufgabe des Menschen keine Bedeutung habe. Auch was profan und in bezug auf die religiöse Sphäre irrelevant zu sein scheint, enthält vielmehr eine spezifische religiöse Forderung an den Menschen. Überall bietet sich eine Gelegenheit, ja eine Notwendigkeit dar, die »heiligen Funken« zu erheben, und überall lauert die Gefahr des Versagens. Religion ist also nicht ein ausgetretener Weg in einer festumschriebenen Sphäre. Nach jeder Richtung öffnen sich neue Pfade, und Gott steht am Ende eines jeden Pfads. Das kontemplative Bewußtsein vermag den »Funken« in jeder Sphäre des Lebens zu entdecken und dadurch auch das an sich Profane in etwas zu verwandeln, was unmittelbare religiöse Bedeutung hat.

Das Stichwort für diese Stimmung wurde von dem Vers der Sprüche Salomos 3: 6 geliefert: »Auf allen deinen Wegen erkenne Ihn«, was die Chassidim so deuteten: durch jede, aber auch jede Handlung, mit der du befaßt bist, vermagst du zur Erkenntnis Gottes zu gelangen, vermagst du ihn zu treffen. Tatsächlich nennt schon der Talmud diesen Vers »ein kleines Wort, von dem alle Hauptstücke der Tora abhängen«. Im Mittelalter suchten manche Kommentatoren dies einigermaßen kühne Prinzip beiseite zu schieben, indem sie es auf einen möglichst engen Zuständigkeitskreis einzuschränken suchten; der Chassidismus aber stellte es, auf seine eigene mystische Weise, in seiner vollen Bedeutung wieder her. Dem Rabbi Pinchas von Koretz wird die folgende Bemerkung zugeschrieben: »Wie kann es denn möglich sein, Gott auf *allen* Wegen zu erkennen? Weil, als Gott die Tora gab, die ganze Welt mit der Tora erfüllt wurde. So gibt es also nichts, was nicht Tora enthielte, und darauf geht der Sinn des Verses. Und wer sagt, die Tora ist eine Sache und die profane Sphäre eine andere, ist ein Ketzer.« Seit den Anfängen des Chassidismus ist diese Doktrin stets als eines seiner Grundprinzipien betrachtet worden.

Speziellen Nachdruck legten die chassidischen Autoren auf solche »vergessenen« Bereiche einfacher und unbedeutender Handlung, deren Verwandlung zu Medien des Dienstes am Heiligen einer der originellsten Aspekte der Bewegung war. Ihrem eingeborenen Radikalismus treu – als Radikale im Sinne des englischen Sprachgebrauchs, wo das Wort ein Temperament und nicht eine bestimmte Anschauung bezeichnet, haben die Chassidim ihren Platz in der Geschichte des Judentums – waren sie nicht um paradoxe Formulierungen ihrer Position verlegen. »Geplauder mit dem Nachbar kann das Gefäß tiefer Meditation sein«, sagte der Baalschem. »Der Hauptpunkt in der Gottesverehrung«, sagt ein anderer chassidischer Führer, »liegt gerade darin, Ihm im Medium profaner und ungeistiger Dinge zu dienen.« »Sogar durch politische Kannegießerei und Unterhaltungen über die Kriege der Völker – der Gipfel von leerem Geschwätz und Zeitverschwendung in den Augen jüdischer Moralisten jener Zeit! – kann ein Mensch es dazu bringen, innige Verbindung mit Gott zu erlangen«, sagt ein anderer. Und dieser verblüffende Satz ist keineswegs eine einfache Übertreibung – sein Autor gibt detaillierte Anweisung, wie dies Kunststück zu vollbringen ist. Der Rabbi von Polonoje, der Schüler des Baalschem, faßt es so zusammen: »Es gibt nichts Großes oder Kleines auf der Welt, das von Gott isoliert wäre, denn er ist in allen Dingen gegenwärtig. Daher vermag der vollkommene Mensch tiefe Meditationen und kontemplative Akte der ›Einung‹ sogar in seinen irdischen Handlungen zu vollbringen, wie etwa durch Essen, Trinken und Beischlaf, ja sogar durch geschäftliche Transaktionen.« Die kontemplativen Akte mystischer Konzentration des Geistes, die in der Sprache der Kabbalisten Einungen, hebräisch *Jichudim,* heißen, müssen nicht länger in Einsamkeit und Abwendung von der Welt vollzogen werden, sie können es auch auf dem Marktplatz und gerade in Bereichen, die dem Geistigen scheinbar entzogen sind. Gerade hier findet der wahre Chassid den vollendeten Schauplatz für eine vollendet paradoxe Leistung.

Aber ist diese Leistung wirklich paradox? Hier ist der Punkt, wo wir uns mit dem zentralen Prinzip von Bubers Deutung des Chassidismus auseinanderzusetzen haben. Die Lehre, die ich soeben besprochen habe, ist ein geistesgeschichtliches Faktum. Aber wie ist sie zu verstehen? Welcher Art ist die Berührung mit der konkreten Realität der Dinge, die der Mensch, dieser radikal mystischen Theorie zufolge, durch die Erhebung der heiligen Funken zustande bringt? Erlangt er in der Tat den Umgang mit dem Konkreten in seiner wirklichen Konkretheit, das heißt mit dem »Leben wie es ist«? Indem ich diese Wendung gebrauche, zitiere ich Buber, der mit ebensoviel Klarheit wie Überzeugung sagt, der Chassidismus habe »in seinen Anhängern eine Freude an der Welt, *wie sie ist,* am Leben, *wie es ist,* an jeder Stunde des Lebens in dieser Welt, wie diese Stunde ist, entzündet« und eine »beständige, ungebrochene und begeisterte Freude am Jetzt und Hier« gelehrt.

Diese weitreichende These bildet die Grundlage von Bubers existentialistischer Deutung des Chassidismus als einer Lehre von der vollkommenen Verwirklichung des Hier und Jetzt. Mir scheint, wir können ein genaueres Verständnis der im eigentlichen Verstande dialektischen Natur der chassidischen Lehre gewinnen, wenn wir uns klarmachen, was an dieser These Bubers so fragwürdig ist. Natürlich kennt der Chassidismus, in einem gewissen Sinn, Freude und Bejahung der Wirklichkeit – eine Tatsache, die der Aufmerksamkeit der vielen Autoren, die über Chassidismus geschrieben haben, auch nie entgangen ist. Aber die chassidische Lehre über die Beziehung zum »Konkreten« ist verwickelter und scheint mir weit von Bubers Deutung abzuliegen. Dies zeigt sich klar an der Wendung, die die chassidischen Autoren der kabbalistischen Doktrin von der Erhebung der Funken gaben, und ich möchte mich über diesen Punkt mit möglichster Präzision erklären.

Die Lehre von der Erhebung der Funken durch die Aktivität des Menschen besagt in der Tat, daß es in der Wirklichkeit ein Element gibt, mit dem der Mensch eine positive Verbindung herstellen kann und soll, aber die Freilegung oder Verwirklichung dieses

Elements *vernichtet* zugleich die Wirklichkeit, insofern »Wirklichkeit«, wie bei Buber, das Hier und Jetzt bedeutet. Denn die »ungebrochene und begeisterte Freude«, die der Chassidismus freilich von seinen Anhängern forderte, ist nicht eine Freude am Hier und Jetzt. In der Freude – und wir dürfen mit Buber sagen: in allem, was der Mensch in voller Konzentration tut, tritt er nicht in Verbindung mit dem Hier und Jetzt, wie Buber es auffaßt, sondern mit dem, was in der an sich gleichgültigen Einkleidung des Hier und Jetzt *verborgen* ist. Bubers Freude am Leben, wie es ist, und an der Welt, wie sie ist, scheint mir eine recht moderne Idee, und ich muß sagen, daß mir die chassidischen Worte eine ganz andere Stimmung auszudrücken scheinen. Sie lehren uns nicht, das Leben, wie es ist, zu genießen, vielmehr geben sie uns den Rat, oder besser: stellen an uns die Forderung, aus dem »Leben wie es ist«, das beständige Leben Gottes herauszuziehen, ja ich möchte geradezu sagen, zu destillieren. Diese »Extraktion« ist aber, und das ist der springende Punkt, ein Akt der Abstraktion. Es ist nicht das flüchtige Hier und Jetzt, auf das sich die Freude richtet, sondern die ewige Einheit und Gegenwart der Transzendenz. Nun ist es natürlich gerade dieser Begriff der Abstraktion in der Freude und in der Erhebung der Funken, an dem Bubers Deutung des Chassidismus Anstoß nimmt. Er verschwindet bei ihm, denn er läuft seinem wesentlichen Interesse am Chassidismus als einer antiplatonischen existentialistischen Lehre zuwider. Buber sagt: »Hier, wo wir stehen, gilt es, das verborgene göttliche Leben

aufleuchten zu lassen.« Diese Formel vermittelt in der Tat authentische chassidische Lehre, aber in einer Zweideutigkeit, die Bubers Lesern nicht bewußt werden kann. Denn gerade in dem Akt, in dem wir das verborgene Leben aufleuchten lassen, zerstören wir das Hier und Jetzt, anstatt es – wie Buber will – in seiner vollen Konkretheit zu verwirklichen.
Bubers Satz steht interessanterweise fast wortwörtlich bei kabbalistischen Autoren wie etwa Moses Cordovero und stellt eine gnostische These dar, deren Sinn von der chassidischen Lehre nicht im geringsten verändert wurde. Wenn Du eine schöne Frau siehst, sagt etwa Rabbi Bär aus Mesritsch, den ich schon erwähnt habe, so sollst Du nicht etwa an ihre Schönheit in ihrer konkreten, greifbaren Form denken – das heißt also, wie sie in ihrem konkreten Hier und Jetzt existiert – sondern von ihrer konkreten Wirklichkeit absehen und Deinen Geist auf die göttliche Schönheit richten, die in der konkreten Erscheinung aufleuchtet. Dann wirst Du nicht länger das schöne und verführerische Hier und Jetzt wahrnehmen, als welches diese Frau ist, sondern die ideale und ewige Eigenschaft der Schönheit selber, die eines der Attribute Gottes und Sphären seiner Manifestation ist, und von da aus wirst Du zur Kontemplation der Quelle aller Schönheit in Gott selber fortschreiten. Ausführungen dieser Art in der chassidischen Literatur sind Legion. Ihnen dient die konkrete Begegnung des Menschen mit der Wirklichkeit als Sprungbrett, um über die Wirklichkeit hinauszuschreiten, nicht um sie zu erfüllen. Ihr platonischer Tonfall klingt recht verschieden von Bubers

Verherrlichung des Hier und Jetzt, und mit der angeblichen Diesseitigkeit der chassidischen Mystik ist es nicht halb so weit her, wie Bubers Leser anzunehmen geneigt sein müssen. Das Hier und Jetzt wird transzendiert und verschwindet, wo das göttliche Element in der Kontemplation erscheint, und die Chassidim waren unermüdlich darin, diese Moral aus ihren Lehrworten zu ziehen. Wie so oft in der Geschichte der Mystik wird auch hier die menschliche Aktion kontemplativ aufgefüllt und dadurch in ein Vehikel mystischen Tuns verwandelt.

Ja, darüber hinaus enthält die chassidische Auffassung von der Verwirklichung des Konkreten, um die es hier letzten Endes geht, ein wesentliches Element der Destruktion, von dem Bubers Analyse, soweit ich sehe, begreiflicherweise keinerlei Notiz nimmt. Der Baalschem und seine Anhänger waren sich aber dieses Elementes, das in den klassischen Schriften immer wieder hochkommt, durchaus klar bewußt. Ich möchte hier nur eine besonders charakteristische Ausführung zitieren, die dem Baalschem zugeschrieben wird, um klarzumachen, worum es sich handelt. Sie wird bei Rabbi Wolf von Schitomir überliefert. Der Baalschem habe einmal einen hervorragenden Gelehrten über sein Verhältnis zum Gebet befragt: »Wie verfährst Du und wohin richtest Du Deine Gedanken in der Stunde des Gebets?« Er antwortete: »Ich verbinde mich mit allem, was an individueller Vitalität in allem Erschaffenen da ist. Denn in allem und jedem erschaffenen Ding muß es eine Vitalität geben, die ihm aus dem Überfluß der Gottheit zukommt. Mit ihnen vereinige ich mich, wenn ich meine Worte an Gott richte, um so mit meinem Gebet in die höchsten Regionen vorzudringen.« Da sagte der Baalschem zu ihm: »Wenn das Dein Verfahren ist, zerstörst Du die Welt, denn indem Du ihre Vitalität herausziehst und nach oben hebst, bleiben die erschaffenen Einzeldinge ohne ihre Vitalität.« Er sagte zu ihm: »Aber wie könnte ich denn, indem ich mich mit ihnen verbinde, ihre Vitalität aus ihnen herausziehen?« Erwiderte der Baalschem: »Deinen Worten zufolge kann Dein Gebet nicht sehr schwer wiegen, da Du nicht glaubst, daß Du die Kraft hast, ihre Vitalität aus ihnen herauszuheben.«

Hier haben wir also die klare und radikale These: die wirkliche und endgültige Realisation solcher Kommunion hat einen zerstörerischen Zug. Und die Lösung, die der Autor für dieses Dilemma anbietet, zeigt den dialektischen Charakter dieser Begriffe von Kommunion und Emporheben. Dieser Akt, in dem alles Lebendige an den Einzeldingen nach oben gehoben wird, darf nur dem Augenblick angehören und nicht dauern. Im Moment, wo man die lebendige Kraft aus den Dingen herauszieht, muß man sie auch schon wieder in sie hineinziehen. Oder, wie so viele chassidische Autoren es zu formulieren lieben: man muß die Dinge zu ihrem Nichts zurückführen und dadurch erst in ihrem wahren Stande wiederherstellen. Das ist etwas, was nur die wahren Adepten können, stellt also eindeutig eine esoterische Aktion dar und ist dem Autor als solche durchaus bewußt, – trotz Bubers Meinung, daß der Chassidismus auf Esoterik verzichtet habe, eine Behauptung, die eine Analyse der Aussprüche des Baalschem keineswegs bestätigen dürfte. Solche Aktion läuft auch nicht, wie Buber meint, auf die Verwirklichung des Konkreten in seiner Konkretheit hinaus. Denn, wie sich aus den Ausführungen des Baalschem klar ergibt, gehört es nicht etwa zum Wesen dieses Aktes, daß er nur momentan und ohne Dauer ist. Daß er abgebrochen werden soll, ist vielmehr nur akzidentiell und beruht, sei es auf der Entscheidung des Menschen, damit aufzuhören, sei es auf seiner Schwäche und Unfähigkeit, solche destruktive Versenkung und Verbindung aufrecht zu erhalten. In sich selbst ist solche Versenkung viel eher angetan, das Konkrete zu entleeren, als es, wie Buber will, mit Konkretheit ganz und gar zu erfüllen. Wir dürfen vielleicht sagen, daß der Dialog, den der chassidische Autor berichtet, sich nicht übel als Dialog zwischen dem Baalschem und Buber verstehen ließe.

Die klassischen Schriften des Chassidismus, die Schriften der großen Schüler des Baalschem, sprechen auch darin gegen Bubers Deutung, daß sie gerade das individuelle und konkrete Dasein oder Phänomen stets recht wegwerfend behandeln. Die hebräischen Ausdrücke für dies Konkrete haben stets, ganz im Gegensatz zu dem, was wir nach Buber erwarten würden, eine abwertende Nuance. Nur so ist es auch verständlich, daß das »Abstreifen der Körperlichkeit« zwar ganz im Sinne der Mystik, aber gar nicht im Sinne von Bubers Deutung, als ein hohes Ideal gilt, das im Gebet oder in der Versenkung erreicht werden kann.

Dabei stellt das Hier und Jetzt zwar eine kostbarste Chance für die Begegnung zwischen Gott und Mensch dar, aber solche Begegnung kann eben nur da stattfinden, wo der Mensch im Hier und Jetzt eine andere Dimension aufreißt – ein Akt, der das »Konkrete« verschwinden läßt. Mit anderen Worten: das Konkrete in dem von Buber gebrauchten Sinn gibt es im Chassidismus gar nicht. Das Hier und Jetzt des geschöpflichen Daseins ist nicht mit dem identisch, was, wenn es einmal transparent geworden ist, in ihm aufleuchtet. Die Annahme solcher Identität widerspricht der wirklichen chassidischen Lehre, für die das Innewerden des göttlichen Kerns alles Daseins gerade von der Entleerung des konkreten Phänomens, das sein Eigengewicht und seinen individuellen Sinn verliert, abhängt.
In Bubers Formulierung wird dieser wesentliche Unterschied stets undeutlich und verwischt. Andererseits trifft er eine Unterscheidung zwischen dem platonischen Erheben des Konkreten ins Reich der Ideen und dem existentiellen Ergreifen der heiligen Funken, die in allen Dingen verborgen sind. Diese Unterscheidung gehört aber durchaus Bubers persönlicher Deutung an und hat in den chassidischen Texten keineswegs die klare Schärfe wie bei ihm. Für die Chassidim stellte die Verwirklichung, das Ergreifen der Realität ein prekäres Unternehmen dar. Unter dem Druck solcher Verwirklichung, wie sie in der Lehre von der Erhebung der Funken einbegriffen ist, mochte die »Wirklichkeit« selber zerbrechen. Denn nicht die *konkrete* Wirklichkeit der Dinge erscheint

als das ideale Resultat der Aktion des Mystikers, sondern etwas von der *messianischen* Wirklichkeit, in der alle Dinge wieder an ihrem echten Ort in der Verfassung der Schöpfung wiederhergestellt und in dieser Wiederherstellung tief verwandelt und verklärt worden sind. Begriffe wie Wirklichkeit und Konkretheit bedeuten also für die Chassidim etwas ganz anderes als für Buber. Das Reich des Hier und Jetzt und das Reich des verwandelten Daseins fallen bei ihm manchmal unter diese Begriffe zusammen, ein Umstand, der das durch seine Deutung gestellte Problem zu verundeutlichen angetan ist. Da die Chassidim zudem großen Nachdruck auf die Lehre legten, menschliche Aktivität könne die messianische Wirklichkeit nicht wahrhaft herbeibringen oder offenbar machen – ein Punkt, der in Bubers Schriften ebenfalls undeutlich bleibt – so blieb ihnen, ihrer eigenen Anschauung nach, nur übrig, Mittel und Wege für den einzelnen anzugeben, auf denen er das Konkrete als ein Vehikel zum Abstrakten und damit zur letzten Quelle alles Seins benutzen konnte. Das mag, wenn auch in der Sprache sehr persönlicher Religion gefaßt, konventionelle Theologie sein und lange nicht so aufregend wie die neue Interpretation, die Buber in sie hineingelesen hat, aber jedenfalls ist es das, wofür der Chassidismus einstand.

Jedoch ist die Möglichkeit keineswegs zu unterschätzen, daß die Lehre von der Erhebung der Funken in der Praxis von vielen Chassidim in einem weniger dialektischen Verstande aufgefaßt wurde, als ursprünglich beabsichtigt war. Die chassidische Theorie zwar, wie sie vom Baalschem selbst und seinen bedeutendsten Schülern und Schülersschülern dargestellt wird, verlor die destruktiven Folgerungen, die aus dieser Doktrin gezogen werden konnten, niemals aus den Augen und suchte Mittel und Wege zu ersinnen, ihnen zu entgehen. Aber die Beschwerden von Freund und Feind bezeugen gleicherweise, daß die Praxis oft gröber war als die Theorie. Die Funken zu heben, das bedeutete für viele Chassidim in der Tat, ein volleres Leben zu führen. Es ging für sie nicht darum, das Wirkliche zu entleeren, indem man die Funken wegnahm, sondern es zu erfüllen, indem man sie einbrachte. In solcher Auffassung erscheinen die heiligen Funken nicht mehr als metaphysische Elemente göttlichen Seins, sondern als subjektive Gefühle der Freude und Bejahung, die in die Beziehung des Menschen zu seiner Umgebung projiziert werden. Das ist aber eine Anschauung, die nicht aus der Theologie der Begründer des Chassidismus stammt, sondern aus der Stimmung einiger seiner Anhänger. Und in dieser populären oder vulgären Fassung, die sich manchmal (keineswegs immer!) in der Welt der chassidischen Legende widerspiegelt, liegt selbstverständlich die relative Berechtigung für Bubers stark vereinfachte Anschauungsweise. Das aber nun die Botschaft des Chassidismus zu nennen, scheint mir weit gefehlt.

Ich bin hier auf einen, wenn auch durchaus zentralen Punkt in Bubers Deutung des Chassidismus näher eingegangen. Auch bei der Analyse anderer wichtiger Begriffe würden wir uns derselben Aufgabe gegenüber sehen, Bubers Aussagen durch Rückgang auf die theoretische Literatur des Chassidismus zu untersuchen. Wir würden dann finden, daß die sonderbar unbestimmten und vieldeutigen Termini, die Buber benutzt, immer wieder fast, aber nie ganz chassidisch sind. Ich kann mir kaum eine bessere Illustration dafür denken als den folgenden Satz: »In der chassidischen Botschaft ist die Trennung von ›Leben in Gott‹ und ›Leben in der Welt‹, das Urübel aller ›Religion‹ in echter, konkreter Einheit überwunden.« Dieser Satz scheint zu besagen, daß die Verantwortlichkeit des Menschen unendlich viel wichtiger ist als die dogmatischen Formulierungen der im Institutionellen erstarrten Religion. Aber es ist Tatsache, daß, was Buber »das Urübel aller Religion« nennt, sich nach wie vor im Zentrum der chassidischen Lehre behauptet. Bubers »konkrete Einheit« ist, soweit es sich um den Chassidismus handelt, fiktiv, denn »Leben in der Welt« ist eben nicht länger Leben in der Welt, wenn seine göttlichen Wurzeln in der Kontemplation erscheinen, und dabei es in »Leben in Gott« verwandeln. Es ist natürlich kein Wunder, daß die chassidischen Schriften, Buber zum Trotz, jene fundamentale Trennung, die Buber so erbittert, aufrechterhalten.

Dies führt uns auf einen Punkt, der für Bubers Deutung und für die Differenz zwischen ihm und dem historischen Phänomen des Chassidismus entscheidend sein dürfte. Buber nämlich ist, um es frei herauszusagen, ein religiöser Anarchist, und seine Lehre ist religiöser Anarchismus. Darunter verstehe ich folgendes: Bubers Philosophie verlangt vom Menschen, eine Richtung einzuschlagen und eine Entscheidung zu treffen, aber sie sagt nichts darüber aus, welche Richtung und welche Entscheidung. Vielmehr sagt er ausdrücklich, daß solche Richtung und Entscheidung nur in der Welt des Es formuliert werden kann, in der die Welt des lebendigen Ich und Du sich vergegenständlicht und abstirbt. In der Welt der lebendigen Beziehung aber kann nichts formuliert werden und gibt es keine Gebote. Ob nun mit Recht oder Unrecht – jedenfalls konnte der Chassidismus diese Anschauung, die ihrer Natur nach anarchisch ist, nicht teilen, da er der jüdischen Tradition verpflichtet blieb. Diese stellt aber eine Lehre dar, in der Richtungen und Entscheidungen formuliert werden konnten, das heißt eine Lehre darüber, *was* zu tun sei. Nur auf diesem Hintergrund ist auch das zweifellos nachdrückliche Interesse des Chassidismus am *Wie* solchen Tuns in seinem echten Zusammenhang verständlich. Bei Buber ist diese Welt des *Wie* allein übrig geblieben. »Nicht mehr eine angesetzte Handlung, sondern die Weihung alles Handelns wird entscheidend.« Es ist dieser bei Buber oft wiederkehrende Begriff der Weihe, der das Stichwort für seine spezifische Art von religiösem Anarchismus abgibt. Diese »Weihe« ist die moralische Intensität und Verantwortlichkeit, die das Wie im Verhältnis des Menschen zu seinem Tun bestimmt, aber nicht dessen Materie. Buber hat es stets mit bewunderungswürdiger Konsequenz abgelehnt, sich auf irgendeine Materie solchen Tuns, auf ein Was, festzulegen. So ist es denn begreiflich, daß die Bezüge auf die Welt der Tora und der Gebote, die für die Chassidim immer noch Alles bedeutete, in Bubers Darstellung äußerst nebelhaft werden. Gewiß hat die jüdische Mystik, die eine bestimmte Auffassung vom Sinn der Offenbarung entwickelte, den Bereich, auf den die Tora als ein höchstes Wertsystem Bezug hat, außerordentlich erweitert, aber sie ist immer noch als Tora erkenntlich, und jene Trennung, von der Buber so wegwerfend spricht, bleibt auch im Chassidismus erhalten. Wo die Trennung der Bereiche überwunden wird, da geschieht es auf Kosten des »Lebens in der Welt«, wie jener oben angeführte Ausspruch des Rabbi Pinchas aus Koretz deutlich zeigt. Bubers Auffassung über den Sinn solcher chassidischen Begriffe wie der »Intention« und der »Eigenschaft des Eifers«, die das Tun des Menschen begleiten, ja durchdringen sollen, mag eine bedeutende und menschlich eindrucksvolle Formulierung des Grundprinzips des religiösen Anarchismus sein; im Zusammenhang seiner Deutung des Chassidismus aber isoliert sie ein Moment, das dort nur im Kontext anderer, von Buber vernachlässigter Erwägungen seinen Sinn hat und löst es ins vollends Unbestimmte und Unbestimmbare auf.

Bubers Deutung betont die Einzigartigkeit der Aufgabe, der sich jedes einzelne Individuum gegenüber sieht. »Alle Menschen haben Zugang zu Gott, aber jeder einen anderen.« Das ist zweifellos wahr, aber kein neuer Satz der persönlichen Religion, der durch den Chassidismus eingeführt worden wäre. Vielmehr kommt gerade diese Idee ursprünglich aus der lurianischen Kabbala, das heißt aus eben jener Gnosis, die

Buber in seinen späteren Schriften so schief ansieht. Sie besagt, daß es jedem einzelnen obliegt, die heiligen Funken zu erheben, die gerade seiner eigenen geistigen Wurzel in der großen Seele Adams, der gemeinsamen Seele der ganzen Menschheit, zugehören. Hatte doch jede Seele und Seelenwurzel einst ihren besonderen Ort in dieser Seele Adams. Alles, was der Chassidismus tat, war, diese Theorie auf eine volkstümliche Weise zu formulieren und ihr dabei eine noch persönlichere Wendung zu geben. So stellt die chassidische Lehre von den Funken, die in der sozialen und persönlichen Umwelt des Menschen auf die Begegnung mit ihm und Erhebung durch ihn warten, wirklich »Ethos gewordene Kabbala« dar.

Ein anderes Beispiel für die eigenartige Unbestimmtheit in Bubers Gebrauch chassidischer Begriffe liegt in seiner Verwendung des Wortes *Jichud*, »Einung«, das bei ihm eine große Rolle spielt. Im chassidischen, durchaus dem kabbalistischen folgenden Sprachgebrauch bedeutet *Jichud* einen kontemplativen Akt, durch den der Mensch sich an das geistige Element bindet, indem er seinen Geist auf die heiligen Buchstaben der Tora, die zugleich das heilige Buch der Natur ist, konzentriert. Buber dagegen behauptet, im Chassidismus sei *Jichud* keine besondere magische Formel oder Prozedur mehr wie in der Kabbala. Vielmehr sei es »gar nichts andres als das gewohnte Leben des Menschen, nur gesammelt und auf die Einung als Ziel gerichtet«. Wohl möge es auch noch *Jichud* im älteren Sinn gegeben haben, doch »dieser magische Bestandteil hat nie das Zentrum der chassidischen

Lehre berührt«. Ich muß aber sagen, daß es mir nicht gelungen ist, in den chassidischen Schriften irgendeine neue Nuance in der Bedeutung dieses Begriffs zu finden. Er hat in der älteren hebräischen Literatur stets zwei Bedeutungen, und beide haben in der chassidischen Literatur keinen Wandel durchgemacht. Die erste stammt von den Kabbalisten und bezeichnet stets irgendeine spezielle Meditation, die einer spezifischen Handlung zugeordnet ist, eine Meditation, in der man sich mit einer geistigen Wirklichkeit vereinigt, sei das nun die Seele eines verstorbenen Heiligen oder deren Funken, sei es ein Name Gottes oder eines seiner als geistige Realitäten aufgefaßten Attribute. In solchem Sprachgebrauch bezeichnet der Begriff zugleich auch das Ergebnis, das in solcher Meditation erreicht wird. Die zweite Bedeutung von *Jichud* stammt dagegen vor allem aus dem seinerzeit sehr berühmten ethischen Werk »Die Pflichten des Herzens« des Bachja ibn Pakuda, wo es die Richtung des Bewußtseins oder des Tuns auf Gott hin meint. In diesem Sinn wird der Begriff stets nur im Singular gebraucht. Wo er im Plural vorkommt, kann er nur die kabbalistische Bedeutung haben, die ausschließlich mit Kontemplation zu tun hat und nicht, wie Buber will, mit der konkreten Einheit des menschlichen Lebens, die durch die Intensität der Sammlung erreicht wird. Solche Akte des *Jichud*, hebräisch *Jichudim* (im Plural), werden durch die kontemplative Verbindung mit der Innerlichkeit der »Buchstaben«, die allem Sein eingeprägt sind, zustande gebracht. In allen mir bekannten Aussprüchen des Baalschem wird der Begriff in diesem genauen und technischen Sinn gebraucht. So sind Bubers Übersetzungen vieler Stellen über *Jichud* zwar sehr modern, ansprechend und gedankenreich, aber unannehmbar.

Ich fasse zusammen. Die Verdienste Bubers in seiner Präsentation chassidischer Legenden und Worte sind in der Tat sehr groß. In weitem Umfang wird sie die Zeitprobe bestehen, gerade in der reifen Form der Anekdote, die in seinen späteren Schriften vorherrscht. Die geistige Botschaft aber, die er in diesen Schriften in sie hineingelesen hat, ist allzu tief an Annahmen gebunden, die aus seiner eigenen Philosophie des religiösen Anarchismus und Existentialismus stammen und keine Wurzel in den Texten selber haben. Zu viel ist in dieser Darstellung des Chassidismus ausgelassen, und was aufgenommen ist, ist mit sehr persönlichen Spekulationen überladen. Deren Charakter mag erhaben sein und das moderne Bewußtsein tief ansprechen. Wenn wir aber das wirkliche Phänomen des Chassidismus verstehen wollen, sowohl in seiner Größe wie in seinem Verfall (die in vieler Weise zusammenhängen), so werden wir wohl noch einmal von vorne beginnen müssen.

Nachbemerkung

In einer kurzen Antwort auf die erste Veröffentlichung dieser Ausführungen hat sich Buber (am Ende der »Schriften zum Chassidismus«, 1963, S. 991–998) noch einmal über das Verhältnis von Lehre und Legende zum Leben der Gemeinde in der Religionsgeschichte ausgesprochen. Dazu scheint mir folgendes zu sagen:

I

In diesen Darlegungen, die in der Allgemeinheit, in der sie hier vorgebracht sind, kaum auf Widerspruch grundsätzlicher Natur stoßen werden, fehlt die für die zwischen uns anhängige Diskussion entscheidende Hauptsache. Die Lehre des Chassidismus ist von den unmittelbaren Schülern des Baalschem und des Maggid von Mesritsch entwickelt worden, und zwar unter Benützung von Begriffen, die die ersten Meister selber verwandt haben, und das waren kabbalistische Begriffe. Zugleich schrieben diese Schüler unter dem vollen Eindruck des neuen Gruppenlebens, das sie zum großen Teile selber mitgeschaffen haben. Für den Versuch, zwischen dem Spezifischen dieses Gruppenlebens und den Begriffen, in denen es entfaltet worden ist, einen möglichen Widerspruch zu konstruieren, liegt in der chassidischen Überlieferung keinerlei Anhaltspunkt vor. Gerade die Schriften, in denen das in Bubers Sinne epigonenhafte Element am wenigsten hervortritt, sondern der ursprüngliche Antrieb, der hier wirksam war, zu unverstelltem Ausdruck gelangt, geben zwar, charakteristischerweise, viele Lehrworte des Baalschem wieder (die sich vom Stil der Schüler deutlich genug abheben), aber keine Legenden in Bubers Sinn. Der springende Punkt meiner Kritik ist, daß diese Schriften den Aufstellungen Bubers über den Sinn des chassidischen Lebens, wie er sie in seinen späteren Schriften formuliert hat, durchaus widersprechen, und daß er sich über diesen Widerspruch schweigend hinwegsetzt, um sich auf Anekdoten zu stützen, die einer Umdeutung in seinem Sinne leichter zugänglich sind. Von diesen Anekdoten versucht er zwar plausibel zu machen, daß sie eventuell ebensoalt sein könnten wie die Lehrschriften, von denen das aber *in concreto* nur selten bewiesen werden kann, während in vielen Fällen gerade das Gegenteil erweisbar ist. Gerade die kritische Analyse der ältesten Quellen der chassidischen Legende macht das deutlich. Je älter und authentischer der historische und gesellschaftliche Rahmen ist, in dem viele dieser ältesten Legenden sich bewegen oder in den sie eingebaut sind, desto weniger stehen sie in einem wirklichen Widerspruch zu den im gleichen Lebenskreis und mindestens zur selben Zeit oder wesentlich früher produzierten theoretischen Schriften. Natürlich sage ich nicht, daß die Legenden als Zeugen wertlos sind. Was ich sage, ist vielmehr, daß Bubers Deutung, wo sie für den mit den Texten Vertrauten einen solchen Widerspruch herstellt – und das trifft auf entscheidende Punkte zu –, falsch sein muß. Die Berufung auf die besondere Aufgabe, die sich Buber gestellt hat und die sein Verfahren bei der Auswahl des Materials und der

Stellung zu den Quellen bestimmt hat, verschlägt da nichts. Buber liebt es nicht, wenn die in die Augen springende Subjektivität seiner Auswahl hervorgehoben wird, und beruft sich demgegenüber auf die »Zuverlässigkeit des Wählenden seiner besonderen Aufgabe gegenüber«. Ich bin überzeugt, daß seine Auswahl dem Sinne seiner Botschaft so weit wie möglich entspricht. Ich bin nicht überzeugt, daß der Sinn seiner Botschaft, wie er ihn formuliert hat, der des Chassidismus ist.

2

Noch ein Wort möchte ich über die Parallele sagen, die Buber in seiner Antwort zwischen der chassidischen Anekdote und den Zen-Geschichten zieht. Ich glaube nicht, daß man diese Parallele ziehen kann. Die Zen-Geschichten sind nämlich gar keine Legenden, sondern – was in Bubers Ausführungen nicht zutage tritt – Meditationsaufgaben, gehören also einer völlig anderen Kategorie an. Daß sie in die Form einer Erzählung eingekleidet sind, macht sie nicht zu Legenden. Es handelt sich bei ihnen ausnahmslos um auf den ersten Blick total sinnlose oder im höchsten Maße paradoxe Sätze, über die dem Jünger aufgegeben wird, Wochen oder Monate zu meditieren, um an ihnen zur Erleuchtung vorzustoßen. Sie überliefern eine mystische Wirklichkeit, die in keine Lehrworte zu fassen ist und deswegen in der Aufstellung letzter Paradoxien schwelgt. Die chassidische Anekdote, wie sie gerade Bubers Neuformulierungen mit solcher Meisterschaft kanonisiert haben, steht auf einem ganz anderen Blatt. Ihr Sinn und Tiefsinn erschließt sich unmittelbar und tradiert etwas, was tradierbar ist. Sie bewegt sich also in einer völlig anderen Sphäre der religiösen Erfahrung. Ich kann nicht glauben, daß mit dieser Gegenüberstellung etwas für das Verständnis des besonderen Charakters der chassidischen Geschichten zu gewinnen ist. Die anekdotische Einkleidung des »Koan«, die Namen und Begebnisse nennt, hat viel mehr mit der Form zu tun, in der große Rechtslehrer ihren Schülern juristische Seminaraufgaben zu stellen pflegten, als mit religiöser Legende.

Um klar zu machen, wie wenig gerade Bubers Auswahl des chassidischen Materials mit der Kategorie der provokatorisch-unverständlichen Zen-Worte zu vergleichen ist, möchte ich eine kleine Geschichte erzählen, die von Buber selber handelt. Ich fragte Buber einmal – es war vor drei Jahren – warum er in seinen Schriften die bedeutenden und abgründigen Worte über die messianische Zeit, die von Rabbi Israel von Rischin überliefert werden (sie sind in dem Aufsatz über die messianische Idee in diesem Bande S. 72 f. teilweise zitiert) unterdrückt habe. Seine Antwort ist mir unvergeßlich. Er sagte: Weil ich sie nicht verstehe.

An einem denkwürdigen Tage

Lieber Herr Buber, wenn wir uns heute in Ihrem Hause zusammengefunden haben, um den denkwürdigen Tag des Abschlusses Ihrer Bibelübersetzung ins Deutsche zu feiern, ein bißchen nach der Art eines alten jüdischen »Ssijum« beim Abschluß des Studiums, so ist das für uns eine bedeutsame Gelegenheit, auf dies, Ihr Werk, seine Absicht und seine Leistung zurückzublicken. Manche von uns haben ja die Entwicklung dieses Ihres Werkes seit seinen Anfängen miterlebt und mitverfolgt und werden das Gefühl der Befriedigung verstehen können, mit dem Sie diesen Abschluß wohl begleiten.

Seit jeher waren Sie ein Mann von großer Beharrlichkeit und langem Atem in Ihren Unternehmungen. 50 Jahre und mehr haben Sie an die Vollendung Ihres chassidischen œuvre gesetzt, das Sie den größten Teil Ihres Lebens begleitet hat. Und wenn ich nicht irre, sind es jetzt 35 Jahre, daß wir den ersten Band Ihrer und Rosenzweigs Übersetzung erhielten. Ich kenne die Umstände nicht genau, die 1924 oder 25 Ihren Entschluß, dieses Unternehmen mit Rosenzweig zusammen zu beginnen, bestimmt haben. Ich war damals schon in Palästina. Ich glaube, es war, wie so manchmal, eine providentielle Anregung, ein sozusagen reiner Zufall, der nie ganz ein Zufall ist, daß ein junger Verleger, Lambert Schneider, zu Ihnen

kam und sagte, er wolle eine Bibelübersetzung von Ihnen. Als Sie sich entschlossen, diesen Plan aufzunehmen, und sich der Mitarbeit Franz Rosenzweigs versichert hatten, da dachten Sie wohl kaum, daß dieses Werk Sie mehr als ein paar Jahre in Anspruch nehmen würde, und doch hat es sich ergeben, daß Sie mehr als ein Menschenalter, wenn auch mit Unterbrechungen, ihm einen großen Teil Ihrer Kraft, ich möchte auch sagen, Ihrer produktiven Kraft gewidmet haben. War es doch für Sie eine Aufforderung, sich mit einem Text zu befassen, der als heiliger Text mehr als die Bemühungen des Künstlers und die Genauigkeit des Philologen verlangt, und zwar verlangt gerade von Menschen, die wie Rosenzweig und Sie aus einer bestimmten geistigen Haltung diesem Text gegenüber traten, sich von ihm angesprochen fühlten. So ist vieles von Ihrem Selbst in diese Arbeit eingegangen, auch wo es sich nur im Medium der treuesten Vermittlertätigkeit mitzuteilen imstande war.
Ich schrieb Ihnen damals, nach Erhalt des Genesis-Bandes, oder vielmehr des Buches »Im Anfang«, einen langen Brief, wo ich alle möglichen Überlegungen anstellte. Ich weiß nicht mehr, was ich Ihnen eigentlich geschrieben habe, aber ich habe noch Ihre Antwort, wo Sie sagen, daß Sie in meinem Briefe die einzige ernste Kritik gefunden hätten, die Ihnen bis dahin begegnet wäre. Inzwischen aber ist Ihr Werk durch mehr als den Schmelztiegel der Kritik gegangen. Es hat sich als historische Leistung bewährt und als besondere Art von Gastgeschenk erwiesen. Doch da-

von später. Und der stärkste, hartnäckigste und entschlossenste Kritiker Ihres Werkes waren Sie selbst, der Künstler, der Sprachmeister und der homo religiosus, der unablässig um die Genauigkeit und Ausdrucksfülle rang, die Ihren Intentionen allein entsprechen konnten.

Wenn ich mir überlege, was eigentlich Ihre und Rosenzweigs Hauptabsicht bei diesem Unternehmen gewesen sein mag, möchte ich fast sagen: es war der Anruf an den Leser – gehe hin und lerne Hebräisch! Denn Ihre Übersetzung war keineswegs ein Versuch, die Bibel im Medium des Deutschen auf eine Ebene klarer Verständlichkeit über alle Schwierigkeiten hinweg zu erheben. Vielmehr haben Sie es sich angelegen sein lassen, die Bibel nicht leichter zu machen als sie ist. Das Klare ist bei Ihnen klar, das Schwere ist schwer und das Unverständliche ist unverständlich. Sie machen dem Leser nichts vor und schenken ihm nichts. Er findet sich dauernd auf seine eigene Reflexion zurückverwiesen und muß sich – gerade im Sinne Ihrer Absicht – fragen, was eigentlich drängt hier nach Ausdruck? Nirgends haben Sie geglättet, nirgends haben Sie etwas gefällig gemacht. Ja, im Gegenteil: Sie haben ein besonderes Ohr dafür gehabt, wo auch im scheinbar problemlosen Fluß der Prosa oder des Gedichtes die Klippen und Schwierigkeiten stecken. Ich hätte fast gesagt: Sie haben den Text aufgerauht, um ihn so desto unmittelbarer an den von solcher Rede betroffenen Leser heranzubringen. Das Verfahren, das Ihnen dabei zustatten kam, war Ihr Streben nach möglichster Wörtlichkeit, ja nach einer Wörtlichkeit, die sich manchmal zu überschlagen schien. Sie hatten eine bestimmte Vorstellung vom Quaderbau der hebräischen Sprache und Sie suchten, ihr bei Ihrer Übersetzung Ausdruck zu leihen. Kein Füllwort, keine Übergänge, wo das Hebräische keine kennt. Keine Firlefanzereien mit dem Erhabenen, wo es in seiner eigenen Größe und Grobheit dasteht.

Dazu kommt ein weiteres, und ich weiß nicht, ob Ihnen damals schon bewußt war, worauf eigentlich Ihr Verfahren in all seiner Strenge hinauslief. Aber ich habe in Ihren eigenen Schriften aus der letzten Zeit das, wie mir scheint, richtige Wort dafür gefunden. Ich las in diesen Tagen die wenigen und doch inhaltschweren Seiten Ihrer philosophischen Betrachtungen über den Sinn des »Gesprochenen Wortes«, die Sie 1960 als eine gültige Zusammenfassung Ihres Sprachdenkens geschrieben haben. Dabei wurde mir klar: Um das gesprochene Wort ging es Ihnen in dieser Ihrer Übersetzung. Sie wollten nicht die Bibel als Schrifttum übersetzen, nicht das Literarische, vom Leser auch mit den Augen Aufnehmbare, war Ihnen wichtig, sondern gerade die Sphäre des lebendigen gesprochenen Wortes. Es ist das Besondere Ihrer Übersetzung, daß sie den Leser geradezu mit allen Mitteln zwingt, den Text laut zu lesen. Sie führt ihn in Syntax und Wortwahl, und noch mehr in der Abhebung der Satzteile in Atem-Einheiten, so weit, wie überhaupt Geschriebenes führen kann, um lautes Lesen zu erzwingen. Die Sätze sind so gedruckt, daß sie sich in Zeilen auflösen, bei denen der Atem auf natürliche

Weise einhält, und so gaben Sie in Ihrem Werk eine der bedeutendsten Illustrationen für die Erkenntnisse vom Bau literarischer Rede, die die Wissenschaft in jenen Jahren, als Rosenzweig und Sie sich an die Arbeit machten, als Kolometrie entwickelt hat. Immer stand Ihnen das biblische Wort als gesprochenes Wort, ja als Rezitativ vor Augen, oder besser vor dem Ohr, und niemand unter allen Übersetzern hat Sie darin übertroffen. In dieser Genauigkeit, die sich nichts vorzumachen sucht, liegt auch ein weiterer Segen Ihres Werkes. Ihre Übersetzung ist nämlich nicht nur Übersetzung, sie ist, ohne doch ein Wort der Erklärung als solche hinzuzufügen, zugleich auch Kommentar. Viele von uns haben immer wieder, wenn wir schwierige Stellen der Bibel lasen, uns gefragt, ja was sagt wohl der Buber dazu – nicht so ganz anders, wie wir uns fragten, was sagt wohl Raschi? Diese Hineinnahme des Kommentars gerade in die entschlossenste Wörtlichkeit der Übersetzung selber scheint mir eine der großen Leistungen Ihres Werkes.
Sie haben Gelegenheit gehabt, nach einer langen Unterbrechung den größten Teil Ihrer Übersetzung, der schon bei Lambert Schneider und Schocken erschienen war, in den letzten Jahren für die endgültige und vollständige neue Ausgabe zu überarbeiten und mit dem Sprachgefühl, aber auch den exegetischen Erkenntnissen Ihrer reifen Jahre in Einklang zu bringen. Ich habe Ihre Übersetzungen in diesen zwei Fassungen nicht durchweg verglichen, habe aber genug davon gelesen, um die folgende Bemerkung wagen zu dürfen. Wenn ich den Unterschied der beiden

Fassungen, der alten und der jüngsten, bezeichnen soll, würde ich, wenn Sie mir dies Wort verstatten, von der ungemeinen Urbanität der letzten Fassung sprechen. Ich meine damit dies: die erste Fassung hat bei aller ihrer Großartigkeit auch ein Element des Fanatischen in sich. Dieser Fanatismus war, wie uns schien, von Ihrem Unternehmen unabtrennbar. Er ging darauf aus, die Worte auf die Spitze zu treiben, der Sprache ein äußerstes, ja extravagantes an Härte und Genauigkeit abzugewinnen, ich hätte fast gesagt: aus ihr auszumeißeln. Es war nicht immer einfach, den melodischen Vortrag großer Texte, den ›Niggun‹ dieser Sprache wiederzugewinnen. Und doch war es das, wozu Sie den Leser zu bringen suchten. Wie Sie wissen, habe ich nichts gegen Fanatiker, und gewiß nichts gegen die der Sprache, und doch scheint mir die so vernehmliche Urbanität Ihrer neuen Fassung die größere Tugend. Es ist etwas unendlich Verbindendes und Verbindliches, was hier, ohne doch auf die Absichten und Methoden Ihrer Übersetzung verzichten zu wollen, sich durchgesetzt hat. Man liest die Sätze nun an vielen Stellen ohne Beklommenheit; die Genauigkeit ist nicht preisgegeben worden, aber es ist etwas wie ein Rückzug auf eine höflichere, maßvollere Sphäre des Sprechens, des gesprochenen Wortes, der sich hier ankündigt. Es ist eine Meisterschaft, die der Extravaganz nicht mehr bedarf, um ihren Anspruch auch in der Besonnenheit geltend zu machen. Die Worte der biblischen Rede stehen nicht mehr in jener Spannung zu ihrem Melos, wie wir sie manchmal in der früheren Übersetzung empfunden haben.

So ist es eine wunderbare Fügung, daß Sie ein Werk solcher Reife, solcher exegetischen und sprachlichen Weisheit und Treue beendigen konnten.
Schließlich ist es noch ein letztes Moment, das den besonderen Charakter Ihrer Übersetzung in beiden Fassungen bestimmt. Es gehört zu den großartigen Paradoxien dieses Unternehmens, daß in einer Übersetzung, die die Bibel letzten Endes doch wohl als Wort Gottes übersetzt, der Name Gottes als solcher nicht erscheint. Er wird hineingenommen in die betonte Heraushebung: Ich, Du und Er, durch die er allein, und freilich höchst deutlich, wenn auch vermittelt wie es uns gebührt, vernehmbar wird. Unter den vielen und kühnen Neuerungen dieser Übersetzung ist das nicht das geringste. Sie beruht auf der Überzeugung, daß in einem Buch, das vom Walten Gottes in der Schöpfung und in der Geschichte spricht, der Name Gottes, der den alten Autoren zur Verfügung stand, nur mittelbar zu erscheinen braucht. So fanden Sie ein schöpferisches Kompromiß zwischen der überlieferten Scheu der Juden, den Namen Gottes auszusprechen, und der Verpflichtung, das biblische Wort lesbar, d. h. hörbar zu machen.
Soviel zur Würdigung und zum Ausdruck des Dankes für Ihr Werk. Sie haben es sich nicht verdrießen lassen, Kommentare und Superkommentare, Wörterbücher des Deutschen und des Hebräischen, Philologen im guten und im schlechten Sinne zu studieren und haben in der schließlichen Entscheidung Ihrer Wortwahl Stellung bezogen, ohne im Medium der Übersetzung Kritik zu üben. So dürfen wir Ihnen

unseren Dank und unseren Glückwunsch zum beendigten Werk sagen.
Und doch ist es mir nicht möglich, ohne ein Wort zu schließen, das der geschichtlichen Stellung Ihres Werkes gilt und nur in eine Frage, eine sehr besorgte Frage ausklingen kann. Als Rosenzweig und Sie sich an dieses Unternehmen machten, gab es ein deutsches Judentum, in dem Ihr Werk eine lebendige Wirkung, eine Aufrüttelung und Hinführung zum Original bewirken sollte. Es gab auch eine deutsche Sprache, in der Sie den Anschluß an große Überlieferungen und Leistungen, an bedeutende Entwicklungen dieser Sprache finden konnten und selber diese Sprache gerade aus Ihrem Werk heraus auf eine neue Ebene zu heben denken konnten. Es lag ein utopisches Element in Ihrem Unterfangen. Denn die Sprache, in die Sie übersetzten, war nicht die des deutschen Alltags, war auch nicht die der deutschen Literatur der zwanziger Jahre. Es war ein Deutsch, das als Möglichkeit, aus alten Tendenzen sich nährend, in dieser Sprache angelegt war, und gerade dies Utopische daran machte Ihre Übersetzung so besonders aufregend und anregend. Ob Sie es nun bewußt wollten oder nicht, Ihre Übersetzung – aus der Verbindung eines Zionisten und eines Nichtzionisten hervorgegangen – war etwas wie das Gastgeschenk, das die deutschen Juden dem deutschen Volk in einem symbolischen Akt der Dankbarkeit noch im Scheiden hinterlassen konnten. Und welches Gastgeschenk der Juden an Deutschland konnte historisch sinnvoller sein als eine Übersetzung der Bibel? Aber es ist anders gekommen. Ich muß

fürchten (oder hoffen?), Ihren Widerspruch herauszufordern, und doch drängt sich meinem Gefühl die Frage auf: Für wen wird diese Übersetzung nun bestimmt sein, in welchem Medium wird sie wirken? Historisch gesehen ist sie nicht mehr ein Gastgeschenk der Juden an die Deutschen, sondern – und es fällt mir nicht leicht, das zu sagen – das Grabmal einer in unsagbarem Grauen erloschenen Beziehung. Die Juden, für die Sie übersetzt haben, gibt es nicht mehr. Die Kinder derer, die diesem Grauen entronnen sind, werden nicht mehr Deutsch lesen. Die deutsche Sprache selber hat sich in dieser Generation tief verwandelt, wie alle wissen, die in den letzten Jahren mit der neuen deutschen Sprache zu tun hatten – und nicht in der Richtung jener Sprachutopie, von der Ihr Unternehmen so eindrucksvolles Zeugnis ablegt. Der Abstand zwischen der realen Sprache von 1925 und Ihrer Übersetzung ist nun, 35 Jahre später, nicht kleiner sondern größer geworden.
Was die Deutschen mit Ihrer Übersetzung anfangen werden, wer möchte sich vermessen, es zu sagen? Denn den Deutschen ist mehr widerfahren als der Dichter voraussah, als er sagte:

> und nicht Übel ist, wenn einiges
> verloren gehet, und von der Rede
> verhallet der lebendige Laut.

Der lebendige Laut, auf den Sie die deutsche Sprache angesprochen haben, ist für das Gefühl von vielen von uns verhallt. Werden sich die finden, die ihn aufnehmen?

Die 36 verborgenen Gerechten in der jüdischen Tradition

Mit der Veröffentlichung des Romans von André Schwarz-Bart, »Der Letzte der Gerechten«, der durch seine Themenstellung und Ausführung so viele Leser ergriffen hat, ist die Aufmerksamkeit auch auf die dem Aufbau des Buches zugrundeliegende jüdische Volkslegende gerichtet worden. Diese Legende, die in der jüdischen Folklore weit verbreitet ist, spricht von den 36 Zaddikim oder Gerechten, auf denen, wenn sie auch unbekannt oder verborgen sind, das Schicksal der Welt ruht. Der Verfasser jenes Buches gibt dieser Überlieferung eine sehr phantasiereiche Wendung. Nach einigen Talmudisten geht sie, sagt er, bis auf die ältesten Zeiten zurück. Als Romancier ist Schwarz-Bart nicht an die Konventionen der Gelehrten gebunden und kann seiner spekulativen Phantasie freien Lauf lassen. Viele Leser des Buches dürften sich aber gefragt haben, was eigentlich die Quelle und welches die Belege für diese Legende sind, die gerade auf jüdische Schriftsteller der letzten Generationen, vor allem solche, die Hebräisch und Jiddisch schrieben und schreiben, eine besondere Anziehungskraft ausgeübt hat.

Welches sind die historischen Ursprünge dieser Legende und wie entwickelte sie sich in späterer Zeit? Es ist merkwürdig, daß trotz der Popularität dieser Idee in weiten jüdischen Kreisen keinerlei gelehrte

Studien über ihre Entwicklung vorliegen. Freilich ist dies weniger überraschend als es auf den ersten Blick scheinen möchte. Denn als eine Vorstellung der jüdischen Volksreligion gewann sie erst zu einer recht späten Zeit feste Gestalt, und man würde sie in den vielen Bänden vergeblich suchen, in denen die jüdische Erbauungs- und Moralliteratur des Mittelalters die Botschaft des Judentums dem gewöhnlichen Juden nahezubringen suchte.

In den alten jüdischen Quellen der Überlieferung ist das Motiv der 36 Gerechten durchaus von dem des Vorhandenseins verborgener Gerechter getrennt. Daß der Gerechte das Fundament der Welt sei, also sozusagen die Welt trage, sagt schon ein Wort in den Sprüchen Salomons in der Bibel. Talmudische Überlieferung kennt verschiedene Äußerungen, wonach in jeder Generation es eine Anzahl von Gerechten gibt, die in ihrer Würde dem Range Abrahams, Isaaks und Jakobs entsprechen. Am häufigsten ist dabei die Rede von 30 Gerechten, welche Zahl aus einer zahlenmystischen Deutung eines Wortes in Genesis 18:18 herausgelesen wurde. Danach habe Gott dem Patriarchen Abraham geschworen, die Welt würde nie ohne 30 Gerechte wie er selber sein. Aussprüche dieser Art wurden verschiedenen palästinensischen und babylonischen Gelehrten des 2. bis 4. Jahrhunderts zugeschrieben, vor allem dem berühmten Rabbi Simon ben Jochai. Einer dieser Schriftgelehrten, Josua ben Lewi, gab der Meinung Ausdruck, daß, falls Israel dessen würdig sei, 18 unter diesen 30 Gerechten im Lande Israel leben würden und 12 außerhalb. Andere wiederum kannten die Vorstellung, daß gerade die nichtjüdischen Völker durch diese 30 Gerechten, die aus ihnen selber hervorgehen oder aber in ihrer Mitte wohnen, bestehen. Diese Gerechten beschützen die Welt, wie Abraham zu seiner Zeit. Andere Traditionen im babylonischen Talmud kennen die Zahl von 45 Gerechten, die diese Funktion ausüben.

Nur der babylonische Lehrer Abbaji im 4. Jahrhundert führte hier die Zahl 36 ein: »Die Welt ist niemals ohne 36 Gerechte, die das Antlitz der Gottheit an jedem Tage empfangen.« Hier ist das Motiv von der Erhaltung der Welt durch das andere von der Schau der Gottheit, deren diese Gerechten gewürdigt sind, ersetzt. Die Begründung der Zahl 36 ist ebenfalls zahlenmystisch und beruht auf der Deutung des Zahlenwertes eines Wortes in Jesaja 30: 18: »Wohl denen, die auf ihn hoffen«, wobei der Zahlenwert des hebräischen Wortes »ihn« – im Hebräischen hat jeder Buchstabe zugleich auch einen Zahlenwert – eben 36 ist, so daß man den Vers auch verstehen könne, als ob er sagen wolle: »Wohl denen, die auf die 36 hoffen«, das heißt auf diese 36 Gerechten sich verlassen.

Die Exegese, aus der diese später so populär gewordene Ziffer der 36 Gerechten heraussprang, ist evidenterweise so künstlich, daß es unwahrscheinlich ist, daß Abbaji sie in Wirklichkeit aus dem Jesaja-Vers herausgelesen hat. Vielmehr dürfte er einen Gedanken, der ihm aus anderen Quellen oder Anschauungen her bekannt war, auf diese Weise in die Schrift hineingelesen haben, um auch dort für sie einen Anhalt zu entdecken. Zofia Amaisenowa hat zuerst die

Vermutung ausgesprochen, die vielleicht nicht von der Hand zu weisen ist, daß diese Ziffer aus der antiken Astrologie stammt. Dort wurde der Himmelskreis von 360 Grad in 36 Dekaden eingeteilt, sogenannte Dekane, und über jeden Abschnitt des so eingeteilten Zodiakalkreises regierte eine Dekan-Gottheit, die zehn Tage des Jahres oder, in anderer Entwicklung, zehn Grade des Tierkreises beherrschte. Über diese Dekane und Dekan-Götter haben wir eine reiche Literatur, vor allem aus ägyptisch-hellenistischen Quellen. Die Dekane wurden hier auch als Wächter und Hüter des Universums angesehen, und es ist durchaus denkbar, daß die Ziffer 36, wie sie Abbaji in die Schrift hineinlas, eine Verwandlung dieser kosmologischen Mächte oder Kräfte in humane Gestalten vollzog. Daß im Mittelalter solche Beziehung der beiden Sphären aufeinander dem Bewußtsein mancher jüdischer Autoren nicht fremd war, wird durch ein hebräisches Manuskript in München erwiesen, das astrologische Losfragen an die Figuren des Tierkreises enthält. Jedes Tierkreiszeichen ist hierbei in drei »Gesichter« geteilt, wobei sich die klassische Zahl der 36 Dekane ergibt, und jedem Dekan ist hier der Name einer von 36 biblischen Figuren zugeordnet, von Adam und Henoch bis Daniel und Esra.

Jedenfalls verdrängte im Mittelalter diese Zahl 36 alle anderen älteren Ziffern und wurde auch in das kabbalistische Schrifttum übernommen. Aber weder die alte jüdische Legende noch die spätere rabbinische und kabbalistische Literatur vor dem 18. Jahrhundert wissen etwas davon, daß diese 36 Zaddikim unbekannt und verborgen seien. Auch wo von Frommen erzählt wird, die ihr Tun ganz im verborgenen vollbringen, wird kein Zusammenhang zu dem Motiv der Welterhaltung durch die 36 Gerechten hergestellt. Solche Legenden über Gerechte oder Fromme, deren gute Taten ihren Mitmenschen unbekannt bleiben oder die ihre Tugenden unter mehr oder weniger paradoxen Verkleidungen praktizieren, sind schon sehr alt. Die älteste Legende dieser Art stammt aus dem 3. Jahrhundert und wird im palästinensischen Talmud, im Traktat von den Fasttagen, erzählt: »Rabbi Abbahu sah im Traume, daß, wenn ein gewisser Pentakaka beten würde, Regen fallen würde. Der Rabbi ließ ihn kommen und fragte ihn: Was ist deine Beschäftigung? Ich begehe an jedem Tag fünf Sünden [daher wohl der Name Pentakaka, in welchem das griechische Wort Penta-Kaka, fünf schlechte Taten, steckt]. Ich vermiete Huren, reinige das Theater, trage den Huren die Kleider ins Badehaus und tanze und schlage dabei die Pauke vor ihnen. Der Rabbi fragte: Und was hast du Gutes getan? Er antwortete: Einmal machte ich das Theater rein, da kam ein Weib, stellte sich hinter die Säule und weinte. Ich fragte sie: Was fehlt dir? Sie antwortete: Mein Mann ist im Gefängnis, und ich möchte ihn gerne freikaufen. Da verkaufte ich mein Bett und meine Decke und gab ihr den Erlös mit den Worten: Hier hast du Geld, kaufe deinen Mann los und werde keine Hure. Der Rabbi sprach zu ihm: Du bist in der Tat würdig, zu beten und erhört zu werden.« Diese alte Legende ist der Prototyp für viele Geschichten, wie sie dann im

Mittelalter erzählt werden, etwa in der Legendensammlung des Nissim ben Jakob, die im 11. Jahrhundert in Kairawan in Nordafrika verfaßt wurde, oder in dem »Buch der Frommen« des Rabbi Juda des Frommen, der im 12. Jahrhundert in Regensburg und Speyer lebte. Nirgends aber findet sich bei solchen Geschichten eine Andeutung darauf, daß deren Helden zu einer besonderen Kategorie von Gerechten gehören, deren Verborgenheit für die Erfüllung ihrer Funktion wesentlich ist.

Es ist aber sehr wohl möglich, daß diese Vorstellung schon sehr früh aufgekommen ist und in populären Fassungen der Legende von den 36 Gerechten überliefert wurde, auch wenn sie nicht schriftlich auf uns gekommen sind. In der Tat tritt sie, worauf zuerst Rudolf Mach hingewiesen hat, in der islamischen mystischen Tradition gerade an Stellen auf, die diese jüdische Vorstellung übernommen und in eigener Weise weiterentwickelt haben. Hiernach hat Gott die Heiligen zu den Lenkern der Welt bestimmt. Schon im 10. und 11. Jahrhundert finden wir bei islamischen Mystikern, daß es unter diesen Heiligen 4000 gibt, die verborgen sind und einander nicht kennen, ja nicht einmal der besonderen Auszeichnung ihres Rangs bewußt sind, sondern vielmehr unter allen Umständen sich selbst und der Menschheit verborgen sind, wie es in einem aus dem 11. Jahrhundert stammenden Traktat des persischen Mystikers Hudschwiri heißt. Noch ältere islamische Quellen erwähnen die Ziffer von 40 Heiligen, die eine besondere Kategorie bilden, deren Angehörige unerkannt unter ihren Mitmenschen leben und durch ihre guten Taten mit zum Bestand der Welt beitragen. Wir können vorläufig nicht bestimmen, ob diese Vorstellung zuerst aus jüdischer Tradition stammte, die schon, als sie in islamische Kreise eindrang, eine neue Wendung genommen hatte, oder ob sie im Islam entstanden ist und dann in dieser neuen Metamorphose zu einer noch unbestimmten Zeit ins Judentum zurückgewandert ist. Gerade in jüdisch-orientalischen Quellen, die ihrer Nähe zum Islam nach am ehesten solchen Einfluß widerspiegeln würden, haben wir keinerlei Belege für das Vorkommen dieser Idee. Es gibt Gerechte, die ihren Wandel verbergen, aber nirgends heißt es, daß gerade sie es sind, von denen das Bestehen der Welt abhängt.

Andrerseits wäre es auch durchaus denkbar, daß die Vorstellung von den verborgenen Gerechten aus der volkstümlichen Erbschaft der großen religiösen Bewegung stammt, die das deutsche Judentum im 13. Jahrhundert ergriffen hatte und als deutscher Chassidismus (im Unterschied zu dem viel späteren polnischen) bezeichnet wird. Zu der ganzen Lebenseinstellung dieser Gruppe würde die Kristallisation der Idee durchaus passen. Jedenfalls tritt sie unter dem deutschen und polnischen, dem sogenannten aschkenasischen Judentum des Ostens zum erstenmal ans Licht. Die jiddische Sprache hat sogar ein eigenes Wort für diese verborgenen Gerechten geprägt, welche im populären Sprachgebrauch »Lamedwowniks« heißen. Lamed = Waw ist die hebräische Ziffer für 36. Als im 18. Jahrhundert in Polen die chassidische Bewegung hochkam, fand sie diese Vorstellung schon weit verbreitet. Die chassidischen Autoren sprechen häufig von den zwei Kategorien von Zaddikim, solchen, die verborgen sind und sich zu sich selber halten, und solchen, die ihren Mitmenschen bekannt sind und gleichsam unter dem kritischen Auge der Öffentlichkeit ihre Aufgabe erfüllen. Der Gerechte der ersten Kategorie heißt »Nistar«, das heißt verborgen, der der letzteren »Mephursam«, das heißt berühmt. Die verborgenen Zaddikim gehören einer höheren Ordnung an, weil sie der Versuchung der Eitelkeit, die von einer öffentlichen Laufbahn fast untrennbar ist, nicht unterliegen. Manche von ihnen wenden besondere Mühe daran, ihren Mitmenschen ein Bild von sich zu bieten, das im schärfsten Gegensatz zu ihrer eigenen Natur steht. Andere wiederum mögen nicht einmal dieser ihrer Natur bewußt sein und ihre Heiligkeit und Gerechtigkeit in verborgenen Taten ausstrahlen, ohne auch nur zu wissen, daß sie zu jenen erkorenen 36 gehören. Die jüdische Folklore des 18. und 19. Jahrhunderts gerade des Ostjudentums war unermüdlich in der Ausarbeitung dieser Seiten der Vorstellung, und je paradoxer, desto besser. Aus dieser Überlieferung stammen zum Beispiel mehrere der Geschichten, wie sie in Ernst Blochs »Spuren« von solchen verborgenen Gerechten erzählt werden. Nach manchen dieser Legenden ist einer der 36 Verborgenen der Messias. Wäre das Zeitalter dessen würdig, würde er als solcher offenbar werden. Nach anderen stirbt ein verborgener Gerechter in dem Moment, wo er als solcher erkannt wird. In den Schriften des großen hebräischen Erzählers S. J. Agnon finden sich einige wunderbare Geschichten dieser Art. Von einem der berühmtesten chassidischen Heiligen des 18. Jahrhunderts, dem Rabbi Leib Sores (das heißt dem Sohn der Sara), hieß es allgemein, daß er in geheimer Verbindung mit den verborgenen Gerechten stünde und für ihre dringendsten leiblichen Bedürfnisse sorge. Noch später wurde dieses Motiv dann auf den Gründer der chassidischen Bewegung selber, Israel Baal-Schem, übertragen.

Wir kennen mindestens zwei kabbalistische Bücher aus dem 18. Jahrhundert, deren Autoren im Rufe standen, zu den verborgenen Gerechten gehört zu haben, Rabbi Neta aus Szinawa und Rabbi Eisik, der als Schächter in dem kleinen Dorf Zurawitz bei Przemyśl lebte. Ihre Schriften wurden natürlich erst nach ihrem Tode gedruckt, und in den Einleitungen erzählen die Zeitgenossen von den Gerüchten, die über ihren wahren Charakter umgingen. Als vor etwa fünfzig Jahren einige begeisterte Chassidim in Rußland eine ganze Korrespondenz des Rabbi Israel Baal-Schem fälschten, um sozusagen authentisches Material für die Legenden um ihn zu liefern, vergaßen sie auch nicht, mehr oder weniger rührende Briefe zu produzieren, die zwischen dem Meister und einigen der verborgenen Gerechten gewechselt wurden. Überhaupt haben uns die Sammlungen chassidischer Legenden aus dem 19. Jahrhundert eine beträchtliche Anzahl solcher Überlieferungen und Anekdoten über die Lamedwowniks aufbewahrt. Nichts natürlich konnte dieser Tradition ferner liegen als die Vorstellung, die sich Schwarz-Bart in poetischer Lizenz zurechtgelegt hat, wonach dieser Zustand der Zugehörigkeit zu den 36 Gerechten ein Familienerbe sein könne, das (und noch dazu bewußt) vom Vater auf den Sohn übergehen könnte. Familien verborgener Gerechter gibt es nicht. Der verborgene Gerechte, wenn er irgend etwas ist, ist eben dein und mein Nachbar, dessen wahre Natur uns ewig unergründlich bleibt und über den kein moralisches Urteil abzugeben uns diese Vorstellung ermahnen will. Es ist eine von einer etwas anarchischen Moral getragene, aber eben deswegen um so eindrucksvollere Warnung. Der Mitmensch mag der verborgene Gerechte sein.

Zur Neuauflage des »Stern der Erlösung«

Zehn Jahre nach seinem ersten Erscheinen liegt nun der »Stern der Erlösung« von Franz Rosenzweig in zweiter Auflage vor. Während im Text selbst keine Veränderungen vorgenommen worden sind – betrachtete der Autor das Werk ja als ein Ganzes, das keine Teilveränderungen vertrug – so doch in der Aufmachung. Rosenzweig hatte von vornherein eine Teilung des Werkes in drei Bände, entsprechend seinem inneren Aufbau, vor Augen gehabt, und war nur sehr widerstrebend auf die Herausgabe in einem Band eingegangen. Diesmal ist seiner ursprünglichen Intention entsprochen worden. Ich glaube aber doch, vom Standpunkt des Lesers und Benutzers des Buches aus wäre die der ersten Auflage unfreiwillig gegebene Form vorzuziehen, und es scheint mir zweifelhaft, ob nicht auch Rosenzweig, wenn er beide Ausgaben nebeneinander hätte sehen können, seine Meinung zu revidieren bereit gewesen wäre. Viele der Leser, die das Werk intensiver zu studieren beabsichtigen, werden es wohl vorziehen, sich ihrerseits die drei schmalen Bände wieder in einen zusammenbinden zu lassen. Im übrigen ist die Neuauflage durch die vom Autor selbst stammenden Randtitel und die in seinem Auftrag und nach seinem Plan von Nahum Norbert Glatzer ausgearbeiteten Register und Nachweise vervollständigt. Die Randtitel lassen in außerordentlich scharfer Weise die Architektonik im Aufbau dieses Systems, die strenge und dabei doch fast befremdend vielfältige Linienführung, hervortreten. Die Nachweise suchen, mindestens teilweise, die direkten oder indirekten literarischen Anspielungen zu explizieren, an denen der »Stern der Erlösung« so reich ist. Freilich, die immerhin nicht unbeträchtlichen Schwierigkeiten, die dem Verständnis tiefgrabender philosophischer Auseinandersetzungen Rosenzweigs aus seiner ausgesprochenen Neigung zu einem gewissen Purismus in der Terminologie nicht selten erwachsen, sind dadurch nicht zu beseitigen.

Es ist auch jetzt, zehn Jahre nach Erscheinen des Werkes, nicht leicht zu sagen, von welchen seiner Positionen her es die bedeutendsten Wirkungen ausgeübt hat, und zwar vielleicht deswegen nicht, weil der »Stern der Erlösung« zu jener Gattung sonderbarer Bücher gehört, deren Bedeutung vom Moment ihres Erscheinens an zwar durchaus unumstritten war, von denen eine heilende und synthetische Macht still aber spürbar ausging, die jedoch auf eine geheimnisvolle Weise die Auseinandersetzung mit ihren fundamentalsten Gehalten zugleich zu provozieren und unmöglich zu machen schienen. Und wer möchte bestreiten, daß die Auseinandersetzung mit einem streng theistischen System, in dem sich eine durchaus neue und aus unverbrauchten Quellen religiösen Denkens genährte Einsicht in die Welt des Judentums und seiner Theologie eröffnete, ein dringliches Anliegen war und ist? Und scheint es nicht desto erstaunlicher, daß keinerlei solche Auseinandersetzung bisher erfolgt ist?

Unmöglich konnte ja den nachdenklichen Lesern dieses Buches – die schwärmerischen, an denen es ihm keineswegs gefehlt hat, durften ja von seinem Strahl geblendet sein – die herrische Aggressivität entgehen, mit der vor allem große Partien des zweiten und dritten Teils, die Lehre von der Offenbarung, die Diskussion des Christentums und die theologia mystica der Wahrheit, des »Sterns«, in die Spannungswelt der klassischen jüdischen Theologie des Mittelalters oder gar in die beruhigte Idyllik »liberaler« oder »orthodoxer« jüdischer Theologie im Zeitalter des Weltkriegs einbrachen. Gewiß, nach dem Koordinatensystem der »Richtungen« war es unmöglich, die Bahn dieses neuen Sterns festzulegen; aber hätte nicht die offensichtliche Unmöglichkeit, in der Welt Rosenzweigs die der Orthodoxie oder des Liberalismus wiederzuerkennen, den Willen zur Auseinandersetzung und schärferen Bestimmung des Problematischen, das unausweichlich auch in dieser wie in jeder Theologie gegeben ist, ebenso gut hervorrufen und anspornen können, wie sie ihn in der Tat gelähmt zu haben scheint? Und wenn das Bewußtsein, daß selten ein Stern aus solcher Tiefe aufgeleuchtet ist und seine Bahn vollendet hat, den Zeitgenossen die kritische Rede, geschweige denn die polemische so gründlich verschlagen hat, obwohl doch weniges seit dem Erscheinen des More Nebuchim oder des Sohar so stark bestimmt sein konnte, sie hervorzurufen, kann es doch kaum zweifelhaft sein, daß auf lange Sicht betrachtet das Leben dieses Werkes der Potenzierung in der Kritik nicht wird entraten können. Vielleicht auch hat

die rätselhafte Versonnenheit des Werkes, die als die Kehrseite seiner Aggressivität vom ersten Geschlecht seiner Leser mit besonderer Intensität scheint wahrgenommen worden zu sein, jene magische Gewalt ausgeübt, die seine Wirkung vorerst in so weitem Umfang in die Stille verbannt hat, in der das Feuer dieses Sterns nach innen schlug.
Freilich, um das Geheimnis dieser Wirkung zu ergründen, ist es auch billig, sich zu vergegenwärtigen, auf welche Situation sie traf. Man darf wohl ohne Vermessenheit sagen, daß kaum je die jüdische Theologie von solcher Entleertheit und Nichtigkeit gewesen ist, wie in den dem Weltkrieg vorangegangenen Jahrzehnten. Die Unfähigkeit, religiöse Realität in strengen Begriffen zu durchdringen, sowie die allen Strömungen gleicherweise mangelnde Bereitschaft, die religiöse Welt des Judentums in ihrer Totalität zu apperzipieren, bedingen die konstitutionelle Schwäche der Produkte jener Jahre. Seit dem Zusammenbruch der Kabbala und der letzten Versuche, die Wirklichkeit des Judentums von ihrer Basis aus zu beschreiben – Versuche, die wie bei S. Plessner oder E. Benamozegh nur noch den vollen Verfall dieser Bewegung zeigen – litt die orthodoxe Theologie unter dem, was man »Kabbalaangst« nennen möchte, unter dem Entschluß zur Abrogation jeder tieferen Spekulation, die auf eine neue und positive Weise auf jene Welt der Kabbala hätte zurückführen können, ein Entschluß, der sich am unheilvollsten und zerstörendsten in der Theologie Samson Raphael Hirschs ausgewirkt hat, der – ein klassischer Fall eines »verhinderten Mysti-

kers« – es vorzog, einen höchst fragwürdigen und fast brutalen Symbolismus eigener Produktion zu statuieren, um nur der Rückbeziehung seiner Welt auf die, die er sich selbst verboten hatte: der Kabbala, ausweichen zu können. Und welche mörderischen Abstriche am Judentum nahm eine liberale Theologie vor, die die Realitäten der Sprache, des Landes und des Volkstums aus ihren Einsichten mehr oder minder zu eliminieren hatte, zugunsten einer Abstraktion, in der oft (wie z. B. in Lazarus' »Ethik des Judentums«) ihre fruchtbarsten und schärfsten Intuitionen nicht mehr nach Hause fanden, sondern in dem künstlichen Vakuum, das um sie war, erloschen. Der Zionismus schließlich mit seinen scheinbar säkularisierenden Tendenzen vermochte der Theologie noch nichts zu sagen, die bei ihrer Schwäche die religiöse Problematik, die jene Säkularisierung doch nur so unvollkommen und unwirksam verdeckt, nicht zu erkennen, geschweige denn zu ergreifen im Stande war.

In dieser Situation traf uns in Rosenzweigs Werk ein Neues, das uns in unerwarteter Weise vom Zentrum unserer Hoffnungen auf Erneuerung hier ansprach, aufrief und warum sollte man es nicht sagen: bestürzte. Welch Paradox konnte uns stärker ergreifen als dies: wie der Wiederanschluß an eine große, aber unbestimmbar gewordene Tradition jüdischer Weltansicht hier nicht aus der Auseinandersetzung mit ihren früheren Gliedern, sondern unmittelbar aus einer ganz anderen Ordnung erreicht und entwickelt wurde, aus der philosophischen Versenkung in die

Ordnung einer Welt, die den katastrophalen Zusammenbruch des Idealismus als des Konstruktionsprinzips der Welt zu überdauern vermöchte, ja die recht eigentlich sogar aus dieser Katastrophe hervorgewachsen wäre. Von dem verführerischen Schein der sittlichen Autonomie des Menschen, der die Theologie des im wesentlichen vom Idealismus herkommenden jüdischen Liberalismus bestimmt hat, führt kein Weg, es sei denn der einer radikalen Umwendung, zu den Geheimnissen der Offenbarung, in denen diese neue Welt, die sich freilich als die älteste erwies, bei Rosenzweig nun gründete. Aber fast noch stärker steht der klassischen Theologie eines Maimonides oder Crescas die neue Deutung dieser Welt entgegen, die nicht nur aus den Positionen der Ratio heraus zu einer Mystik des Theismus gelangt und streng mystische Theologumena begründet (im Kontrapunkt zu der bitteren Polemik gegen die Mystik des apokalyptischen Betens, die den dritten Teil eröffnet), sondern es auch wagt, ins Zentrum ihrer theologischen Anthropologie eine Auseinandersetzung zwischen Judentum und Christentum zu stellen, die mit non liquet endet, mit einem Diktum also, das vom Gesichtspunkt der Orthodoxie aus vermessen und fast blasphemisch erscheint. Diese Grundlegung des Judentums schien wenig oder nichts mit den uns geläufigen Motiven einer solchen zu tun zu haben, und das machte sie anziehend und problematisch in einem; der Abgrund, in dem die Substanz des Judentums sich verbirgt, war hier mit neuen Namen versiegelt, nachdem der Denker ihn in seiner Selbstbesinnung aufgerissen hatte. Ob der Versuch, die beiden Möglichkeiten theokratischer Lebenshaltung in Judentum und Christentum aus der Dialektik des Erlösungsbegriffs zu deduzieren – einer der Hauptpunkte, die eine Auseinandersetzung mit dem »Stern« am unumgänglichsten erfordern würden – den wahren Ort der beiden in der Tat bestimmen konnte, mag umstritten sein, die Tragweite seiner metaphysisch-pragmatischen Methode, der liturgischen Gestaltung der religiösen Wirklichkeiten ihr Geheimnis abzuhören, ist es nicht. Freilich, in der so faszinierenden wie problematischen Lehre von der Vorwegnahme der Erlösung im jüdischen Leben hat Rosenzweig entschlossen und feindselig Stellung gegen die offene Tür im sonst so geordneten Haus des Judentums genommen: gegen die Katastrophentheorie der messianischen Apokalyptik, die man wohl als den Punkt bezeichnen darf, an dem sich heute noch theokratische und bürgerliche Lebenshaltung unversöhnlich gegenüberstehn. Die tiefe Tendenz, dem Organismus des Judentums den apokalyptischen Stachel zu nehmen, mit der Rosenzweig der letzte und sicher einer der stärksten Exponenten einer sehr alten und sehr mächtigen, in vielen Gestalten kristallisierten Bewegung im Judentum ist, bedingt bei ihm wohl auch den seltsam kirchlichen Aspekt, unter dem hier manchmal unversehens das Judentum erscheint. Die Apokalyptik, die als ein ohne Zweifel anarchisches Element für Lüftung im Haus des Judentums gesorgt hat, die Erkenntnis von der Katastrophalität aller historischen Ordnung in einer unerlösten Welt, hat hier in einem tief um Ordnung besorgten Denken eine

Metamorphose durchgemacht, in der die zerstörende Macht der Erlösung nur mehr als Unruhe in das Uhrwerk des Lebens im Licht der Offenbarung eingebaut erscheint. Denn daß der Erlösung nicht nur eine befreiende, sondern auch eine zerstörende Gewalt innewohnt – eine Wahrheit, der nur allzuviele Theologen des Judentums sehr ungern sich eröffnen und der auszuweichen eine ganze Literatur sich plagt – konnte freilich einem Denker vom Range Rosenzweigs niemals verborgen bleiben; so suchte er sie wenigstens in einer höheren Ordnung der Wahrheit aufzuheben. Wenn der Blitz der Erlösung das Weltall des Judentums steuert, so ist hier das Leben des Juden der Blitzableiter, der seine zerstörende Gewalt zu brechen bestimmt ist.

Zehn Jahre sind im Leben eines Werkes, das sich zu verwandeln und zu dauern bestimmt ist, eine kurze Zeit. Der im genausten Sinne mystische Versuch, das Unkonstruierbare, den Stern der Erlösung, zu konstruieren – denn eine andere Methode der Beschreibung als die Konstruktion gibt es im Grunde auch in der mystischen Astronomie, wie man Rosenzweigs Symbolwelt nennen könnte, nicht – wird seinen dauernden Gehalt erst einem Geschlecht erschließen, das nicht mehr auf so unmittelbar gegenwärtige Weise von seinen aktuellsten Motiven (die nicht immer seine zentralsten sein müssen) sich angesprochen fühlen wird wie jene Generation, die bei seinem Erscheinen soeben den ersten Weltkrieg hinter sich hatte. Erst wenn die zauberische Schönheit seiner Sprache verschlissen sein, und die Figur des Märtyrers, die für uns Zeitgenossen von ihm unablösbar ist, auf ihre eigene Aura sich zurückgezogen haben wird, kann dieses Zeugnis von Gott in seiner unverstellten Absicht sich behaupten.

Drucknachweise

Zum Verständnis der messianischen Idee im Judentum
Vortrag auf der Eranos-Tagung 1959. Im Eranos-Jahrbuch XXVIII, S. 193–239.

Das Davidschild; Geschichte eines Symbols
1948 hebräisch geschrieben und im Almanach des Haarez (Tel-Aviv) publiziert. Hier in erweiterter deutscher Umarbeitung, ungedruckt.

Die Theologie des Sabbatianismus im Lichte Abraham Cardosos
In: Der Jude, Sonderheft zum 50. Geburtstage Martin Bubers. Berlin 1928. S. 123–139.

Wissenschaft vom Judentum einst und jetzt
Nach einer im September 1959 in London gehaltenen Ansprache (vom Autor durchgesehene Tonbandaufnahme). In: Bulletin der Gesellschaft der Freunde des Leo Baeck-Instituts, no. 9, Tel-Aviv 1960, S. 2–12.

Martin Bubers Deutung des Chassidismus
In: Neue Zürcher Zeitung. Beilage: Literatur und Kunst, 20. und 27. Mai 1962.

An einem denkwürdigen Tage
Rede bei der Feier zum Abschluß der Buberschen Bibelübersetzung, in Jerusalem, Februar 1961. In: Neue Zürcher Zeitung, Beilage: Literatur und Kunst, 31. März 1963.

Die 36 verborgenen Gerechten in der jüdischen Tradition
In: Theater, Wahrheit und Wirklichkeit. Freundesgabe zum 60. Geburtstag von Kurt Hirschfeld am 10. März 1962. Zürich 1962, S. 115–122.

Zur Neuauflage des »Stern der Erlösung«
In: Frankfurter Israelitisches Gemeindeblatt, Sept. 1931, S. 15–18.

Bibliothek Suhrkamp

Verzeichnis der letzten Nummern

1022 Rainer Maria Rilke, Briefe an einen jungen Dichter
1023 René Char, Lob einer Verdächtigen / Eloge d'une Soupconnée
1024 Cees Nooteboom, Ein Lied von Schein und Sein
1025 Gerhart Hauptmann, Das Meerwunder
1026 Juan Benet, Ein Grabmal / Numa
1027 Samuel Beckett, Der Verwaiser / Le dépeupleur / The Lost Ones
1028 Ulrich Plenzdorf, Die neuen Leiden des jungen W.
1029 Bernard Shaw, Die Abenteuer des schwarzen Mädchens ...
1030 Francis Ponge, Texte zur Kunst
1031 Tankred Dorst, Klaras Mutter
1032 Robert Graves, Das kühle Netz / The Cool Web
1033 Alain Robbe-Grillet, Die Radiergummis
1034 Robert Musil, Vereinigungen
1035 Virgilio Piñera, Kleine Manöver
1036 Kazimierz Brandys, Die Art zu leben
1037 Karl Krolow, Meine Gedichte
1038 Leonid Andrejew, Die sieben Gehenkten
1039 Volker Braun, Der Stoff zum Leben 1-3
1040 Samuel Beckett, Warten auf Godot
1041 Alejo Carpentier, Die Hetzjagd
1042 Nicolas Born, Gedichte
1043 Maurice Blanchot, Das Todesurteil
1044 D. H. Lawrence, Der Mann, der Inseln liebte
1045 Jurek Becker, Der Boxer
1046 E. M. Cioran, Das Buch der Täuschungen
1047 Federico García Lorca, Diwan des Tamarit / Diván
1048 Friederike Mayröcker, Das Herzzerreißende der Dinge
1049 Pedro Salinas, Gedichte / Poemas
1050 Jürg Federspiel, Museum des Hasses
1051 Silvina Ocampo, Die Furie
1052 Alexander Blok, Gedichte
1053 Raymond Queneau, Stilübungen
1054 Dolf Sternberger, Figuren der Fabel
1055 Gertrude Stein, Q. E. D.
1056 Mercè Rodoreda, Aloma
1057 Marina Zwetajewa, Phoenix
1058 Thomas Bernhard, In der Höhe, Rettungsversuch, Unsinn
1059 Jorge Ibargüengoitia, Die toten Frauen
1060 Henry de Montherlant, Moustique
1061 Carlo Emilio Gadda, An einen brüderlichen Freund
1062 Karl Kraus, Pro domo et mundo
1063 Sandor Weöres, Der von Ungern
1064 Ernst Penzoldt, Der arme Chatterton
1065 Giorgos Seferis, Alles voller Götter
1066 Horst Krüger, Das zerbrochene Haus

1067 Alain, Die Kunst sich und andere zu erkennen
1068 Rainer Maria Rilke, Bücher Theater Kunst
1069 Claude Ollier, Bildstörung
1070 Jörg Steiner, Schnee bis in die Niederungen
1071 Norbert Elias, Mozart
1072 Louis Aragon, Libertinage
1073 Gabriele d'Annunzio, Der Kamerad mit den wimpernlosen Augen
1075 Max Frisch, Biedermann und die Brandstifter
1076 Willy Kyrklund, Vom Guten
1077 Jannis Ritsos, Gedichte
1079 Max Dauthendey, Lingam
1080 Alexej Remisow, Gang auf Simsen
1082 Octavio Paz, Adler oder Sonne?
1083 René Crevel, Seid ihr verrückt?
1084 Robert Pinget, Passacaglia
1085 Wolfgang Koeppen, Eine unglückliche Liebe
1086 Mario Vargas Llosa, Lob der Stiefmutter
1087 Marguerite Duras, Im Sommer abends um halb elf
1088 Joseph Conrad, Herz der Finsternis
1090 Czesław Miłosz, Gedichte
1091 Karl Kraus, Die letzten Tage der Menschheit
1092 Jean Giono, Der Deserteur
1093 Michel Butor, Die Wörter in der Malerei
1094 Konstantin Waginow, Auf der Suche nach dem Gesang der Nachtigall
1095 Max Frisch, Fragebogen
1096 Carlo Emilio Gadda, Die Liebe zur Mechanik
1097 Bohumil Hrabal, Die Katze Autitschko
1098 Hans Mayer, Frisch und Dürrenmatt
1099 Isabel Allende, Eine Rache und andere Geschichten
1100 Wolfgang Hildesheimer, Mitteilungen an Max
1101 Paul Valéry, Über Mallarmé
1102 Marie Nimier, Die Giraffe
1103 Gennadij Ajgi, Beginn der Lichtung
1104 Jorge Ibargüengoitia, Augustblitze
1105 Silvio D'Arzo, Des andern Haus
1106 Werner Koch, Altes Kloster
1107 Gesualdo Bufalino, Der Ingenieur von Babel
1108 Manuel Puig, Der Kuß der Spinnenfrau
1109 Marieluise Fleißer, Das Mädchen Yella
1110 Raymond Queneau, Ein strenger Winter
1111 Gershom Scholem, Judaica 5
1112 Jürgen Becker, Beispielsweise am Wannsee
1113 Eduardo Mendoza, Das Geheimnis der verhexten Krypta
1114 Wolfgang Hildesheimer, Paradies der falschen Vögel
1115 Guillaume Apollinaire, Die sitzende Frau
1116 Paul Nizon, Canto
1117 Guido Morselli, Dissipatio humani generis
1118 Karl Kraus, Nachts
1119 Juan Carlos Onetti, Der Tod und das Mädchen
1120 Thomas Bernhard, Alte Meister

1121 Willem Elsschot, Villa des Roses
1122 Juan Goytisolo, Landschaften nach der Schlacht
1123 Sascha Sokolow, Die Schule der Dummen
1124 Bohumil Hrabal, Leben ohne Smoking
1125 Peter Bichsel, Eigentlich möchte Frau Blum den Milchmann kennenlernen
1126 Guido Ceronetti, Teegedanken
1127 Adolf Muschg, Noch ein Wunsch
1128 Forugh Farrochsad, Jene Tage
1129 Julio Cortázar, Unzeiten
1130 Gesualdo Bufalino, Die Lügen der Nacht
1131 Richard Ellmann, Vier Dubliner - Wilde, Yeats, Joyce und Beckett
1132 Gerard Reve, Der vierte Mann
1133 Mercè Rodoreda, Auf der Plaça del Diamant
1134 Francis Ponge, Die Seife
1135 Hans-Georg Gadamer, Über die Verborgenheit der Gesundheit
1136 Wolfgang Hildesheimer, Mozart
1138 Max Frisch, Stich-Worte
1139 Bohumil Hrabal, Ich habe den englischen König bedient
1141 Cees Nooteboom, Die folgende Geschichte
1142 Hermann Hesse, Musik
1143 Paul Celan, Lichtzwang
1144 Isabel Allende, Geschenk für eine Braut
1145 Thomas Bernhard, Frost
1146 Katherine Mansfield, Glück
1147 Giorgos Seferis, Sechs Nächte auf der Akropolis
1148 Gershom Scholem, Alchemie und Kabbala
1149 Max Dauthendey, Die acht Gesichter am Biwasee
1150 Julio Cortázar, Alle lieben Glenda
1151 Isaak Babel, Die Reiterarmee
1152 Hermann Broch, Barbara
1154 Juan Benet, Der Turmbau zu Babel
1155 Bertolt Brecht, Die Dreigroschenoper
1156 Józef Wittlin, Mein Lemberg
1157 Bohumil Hrabal, Reise nach Sondervorschrift
1158 Tankred Dorst, Fernando Krapp hat mir diesen Brief geschrieben
1159 Mori Ōgai, Die Tänzerin
1160 Hans Jonas, Gedanken über Gott
1161 Bertolt Brecht, Gedichte über die Liebe
1162 Clarice Lispector, Aqua viva
1163 Samuel Beckett, Der Ausgestoßene
1164 Friedrike Mayröcker, Das Licht in der Landschaft
1165 Yasunari Kawabata, Die schlafenden Schönen
1166 Marcel Proust, Tage des Lesens
1167 Peter Weiss, Die Verfolgung und Ermordung Jean Paul Marats
1168 Alberto Savinio, Kindheit des Nivasio Dolcemare
1169 Alain Robbe-Grillet, Die blaue Villa in Hongkong
1170 Dolf Sternberger, ›Ich wünschte ein Bürger zu sein‹
1171 Herman Bang, Die vier Teufel
1172 Paul Valéry, Windstriche
1173 Peter Handke, Die Stunde da wir nichts voneinander wußten

1174 Emmanuel Bove, Die Falle
1175 Juan Carlos Onetti, Abschiede
1176 Elisabeth Langgässer, Das Labyrinth
1177 E. M. Cioran, Syllogismen der Bitterkeit
1178 Kenzaburo Oe, Der Fang
1179 Peter Bichsel, Zur Stadt Paris
1180 Zbigniew Herbert, Der Tulpen bitterer Duft
1181 Martin Walser, Ohne einander
1182 Jean Paulhan, Der beflissene Soldat
1183 Rudyard Kipling, Die beste Geschichte der Welt
1184 Elizabeth von Arnim, Der Garten der Kindheit
1185 Marcel Proust, Eine Liebe Swanns
1186 Friedrich Cramer, Gratwanderungen
1187 Juan Goytisolo, Rückforderung des Conde don Julián
1188 Adolfo Bioy Casares, Abenteuer eines Fotografen
1189 Cees Nooteboom, Der Buddha hinter dem Bretterzaun
1190 Gesualdo Bufalino, Mit blinden Argusaugen
1191 Paul Valéry, Monsieur Teste
1192 Harry Mulisch, Das steinerne Brautbett
1193 John Cage, Silence
1194 Antonia S. Byatt, Zucker
1195 Claude Lévi-Strauss, Mythos und Bedeutung
1198 Tschingis Aitmatow, Der weiße Dampfer
1199 Gertrud Kolmar, Susanna
1201 E. M. Cioran, Gedankendämmerung
1202 Gesualdo Bufalino, Klare Verhältnisse
1203 Friedrich Dürrenmatt, Die Ehe des Herrn Mississippi
1204 Alexej Remisow, Die Geräusche der Stadt
1205 Ambrose Bierce, Mein Lieblingsmord
1206 Amos Oz, Herr Levi
1208 Wolfgang Koeppen, Ich bin gern in Venedig warum
1209 Hugo Claus, Jakobs Verlangen
1210 Abraham Sutzkever, Grünes Aquarium/Griner Akwarium
1211 Samuel Beckett, Das letzte Band/Krapp's Last Tape/La dernière bande
1213 Louis Aragon, Der Pariser Bauer
1214 Michel Foucault, Die Hoffräulein
1215 Gertrude Stein, Zarte Knöpfe/Tender Buttons
1216 Hans Mayer, Reden über Deutschland
1217 Alvaro Cunqueiro, Die Chroniken des Kantors
1218 Inger Christensen, Das gemalte Zimmer
1219 Peter Weiss, Das Gespräch der drei Gehenden
1220 Rudyard Kipling, Das neue Dschungelbuch
1222 Martin Walser, Selbstbewußtsein und Ironie
1223 Cees Nooteboom, Das Gesicht des Auges/Het gezicht van het oog
1224 Samuel Beckett, Endspiel/Fin de partie/Endgame
1225 Bernard Shaw, Die wundersame Rache
1226 Else Lasker-Schüler, Der Prinz von Theben
1227 Cesare Pavese, Die einsamen Frauen
1228 Zbigniew Herbert, Stilleben mit Kandare
1229 Marie Luise Kaschnitz, Das Haus der Kindheit

Bibliothek Suhrkamp

Alphabetisches Verzeichnis

Achmatowa: Gedichte 983
Adorno: Minima Moralia 236
– Noten zur Literatur I 47
– Über Walter Benjamin 260
Agnon: Der Verstoßene 990
Aiken: Fremder Mond 1014
Aitmatow: Der weiße Dampfer 1198
– Dshamilja 315
Ajgi: Beginn der Lichtung 1103
Alain: Das Glück ist hochherzig 949
– Die Kunst sich und andere zu erkennen 1067
– Die Pflicht glücklich zu sein 470
Alain-Fournier: Jugendbildnis 23
– Der große Meaulnes 142
Alberti: Zu Lande zu Wasser 60
Allende: Eine Rache und andere Geschichten 1099
– Geschenk für eine Braut 1144
Amado: Die Abenteuer des Kapitäns Vasco Moscoso 850
Anderson: Winesburg, Ohio 44
Anderson/Stein: Briefwechsel 874
Andrejew: Die sieben Gehenkten 1038
Apollinaire: Die sitzende Frau 1115
Aragon: Der Pariser Bauer 1213
– Libertinage 1072
Arnim, E. v.: Der Garten der Kindheit 1184
Artmann: Fleiß und Industrie 691
– Gedichte über die Liebe 473
Assis de: Dom Casmurro 699
Asturias: Legenden aus Guatemala 358
Babel: Die Reiterarmee 1151
Bachmann: Der Fall Franza 794
– Malina 534
Ball: Flametti 442
– Zur Kritik der deutschen Intelligenz 690
Bang: Die vier Teufel 1171
Barnes: Antiphon 241
– Nachtgewächs 293
Barthes: Die Lust am Text 378
Becker, Jürgen: Beispielsweise am Wannsee 1112
Becker, Jurek: Der Boxer 1045
– Jakob der Lügner 510
Beckett: Das letzte Band/Krapp's Last Tape/La dernière bande 1211
– Der Ausgestoßene 1163
– Der Verwaiser 1027
– Endspiel/Fin de partie/Endgame 1224
– Erste Liebe 277
– Erzählungen und Texte um Nichts 82
– Gesellschaft 800
– Glückliche Tage 98
– Mehr Prügel als Flügel 1000
– Warten auf Godot 1040
Benet: Der Turmbau zu Babel 1154
– Ein Grabmal/Numa 1026
Benjamin: Berliner Chronik 251
– Berliner Kindheit 966
– Einbahnstraße 27
– Sonette 876
Bernhard: Alte Meister 1120
– Amras 489
– Beton 857
– Der Ignorant und der Wahnsinnige 317
– Der Schein trügt 818
– Der Stimmenimitator 770
– Der Theatermacher 870
– Der Untergeher 899
– Die Jagdgesellschaft 376
– Die Macht der Gewohnheit 415
– Elisabeth II. 964
– Frost 1145
– Heldenplatz 997
– Holzfällen 927
– In der Höhe, Rettungsversuch, Unsinn 1058
– Ja 600
– Midland in Stilfs 272
– Verstörung 229
– Wittgensteins Neffe 788
Bichsel: Eigentlich möchte Frau Blum den Milchmann kennenlernen 1125
– Zur Stadt Paris 1179
Bierce: Mein Lieblingsmord 1205
Bioy Casares: Abenteuer eines Fotografen in La Plata 1188

Blanchot: Das Todesurteil 1043
– Thomas der Dunkle 954
– Warten Vergessen 139
Blixen: Ehrengard 917
– Moderne Ehe 886
Bloch: Erbschaft dieser Zeit 388
– Spuren. Erweiterte Ausgabe 54
Blok: Gedichte 1052
Blumenberg: Die Sorge geht über den Fluß 965
– Matthäuspassion 998
Borchers: Gedichte 509
Born: Gedichte 1042
Bouchet Du: Vakante Glut 1021
Bove: Bécon-les-Bruyères 872
– Die Falle 1174
– Meine Freunde 744
Brandys: Die Art zu leben 1036
Braun: Der Stoff zum Leben 1039
– Unvollendete Geschichte 648
Brecht: Die Dreigroschenoper 1155
– Dialoge aus dem Messingkauf 140
– Gedichte über die Liebe 1161
– Gedichte und Lieder 33
– Hauspostille 4
– Me-ti, Buch der Wendungen 228
– Politische Schriften 242
– Schriften zum Theater 41
– Über Klassiker 287
Breton: L'Amour fou 435
– Nadja 406
Broch: Barbara 1152
– Demeter 199
– Die Erzählung der Magd Zerline 204
– Die Schuldlosen 1012
– Esch oder die Anarchie 157
– Huguenau oder die Sachlichkeit 187
– Pasenow oder die Romantik 92
Bufalino: Ingenieur von Babel 1107
– Die Lügen der Nacht 1130
– Klare Verhältnisse 1202
– Mit blinden Argusaugen 1190
Bunin: Mitjas Liebe 841
Butor: Die Wörter in der Malerei 1093
Byatt: Zucker 1194
Cabral de Melo Neto: Erziehung durch den Stein 713
Cage: Silence 1193
Camus: Die Pest 771
Capote: Die Grasharfe 62
Carossa: Gedichte 596
– Ein Tag im Spätsommer 1947 649
– Führung und Geleit 688
– Rumänisches Tagebuch 573
Carpentier: Barockkonzert 508
– Das Reich von dieser Welt 422
– Die Hetzjagd 1041
Carrington: Das Hörrohr 901
Celan: Gedichte I 412
– Gedichte II 413
– Gedichte 1938-1944 933
– Der Meridian 485
– Lichtzwang 1143
Ceronetti: Teegedanken 1126
– Das Schweigen des Körpers 810
Char: Lob einer Verdächtigen 1023
Christensen: Das gemalte Zimmer 1218
Cioran: Auf den Gipfeln 1008
– Das Buch der Täuschungen 1046
– Der zersplitterte Fluch 948
– Gedankendämmerung 1201
– Gevierteilt 799
– Syllogismen der Bitterkeit 1177
– Von Tränen und von Heiligen 979
– Über das reaktionäre Denken 643
– Widersprüchliche Konturen 898
Claus: Jakobs Verlangen 1209
Colomb: Zeit der Engel 1016
Conrad: Herz der Finsternis 1088
– Jugend 386
Consolo: Wunde im April 977
Cortázar: Alle lieben Glenda 1150
– Unzeiten 1129
– Der Verfolger 999
Cramer: Gratwanderungen 1186
Crevel: Der schwierige Tod 987
– Seid ihr verrückt? 1083
Cunqueiro: Die Chroniken des Kantors 1217
D'Annunzio: Der Kamerad 1073
D'Arzo: Des Andern Haus 1105
Dagerman: Deutscher Herbst 924
Dauthendey: Lingam 1079
– Die acht Gesichter am Biwasee 1149
Döblin: Berlin Alexanderplatz 451
Dorst: Fernando Krapp hat mir diesen Brief geschrieben 1158
– Klaras Mutter 1031
Dürrenmatt: Die Ehe des Herrn Mississippi 1203

– Monstervortrag über Gerechtigkeit und Recht 803
Dumézil: Der schwarze Mönch in Varennes 1017
Duras: Der Liebhaber 967
– Der Nachmittag des Herrn Andesmas 109
– Im Sommer abends um halb elf 1087
Eça de Queiroz: Der Mandarin 956
Ehrenburg: Julio Jurenito 455
Ehrenstein: Briefe an Gott 642
Eich: Gedichte 368
– Maulwürfe 312
– Träume 16
Eliade: Das Mädchen Maitreyi 429
– Auf der Mantuleasa-Straße 328
– Fräulein Christine 665
– Nächte in Serampore 883
– Neunzehn Rosen 676
Elias: Mozart 1071
– Über die Einsamkeit der Sterbenden in unseren Tagen 772
Eliot: Old Possums Katzenbuch 10
– Das wüste Land 425
Ellmann: Vier Dubliner – Wilde, Yeats, Joyce und Beckett 1131
Elsschot: Villa des Roses 1121
Elytis: Ausgewählte Gedichte 696
– Lieder der Liebe 745
– Neue Gedichte 843
Enzensberger: Mausoleum 602
– Der Menschenfreund 871
– Verteidigung der Wölfe 711
Farrochsad: Jene Tage 1128
Federspiel: Die Ballade von der Typhoid Mary 942
– Museum des Hasses 1050
Fleißer: Abenteuer aus dem Englischen Garten 223
– Das Mädchen Yella 1109
Foucault: Die Hoffräulein 1214
Frame: Wenn Eulen schrein 991
Frisch: Andorra 101
– Biedermann und Brandstifter 1075
– Bin 8
– Biografie: Ein Spiel 225
– Biografie: Ein Spiel, Neue Fassung 1984 873
– Blaubart 882
– Fragebogen 1095
– Homo faber 87
– Montauk 581
– Stich-Worte 1138
– Tagebuch 1966-1971 1015
– Traum des Apothekers 604
– Triptychon 722
Gadamer: Das Erbe Europas 1004
– Lob der Theorie 828
– Über die Verborgenheit der Gesundheit 1135
– Vernunft im Zeitalter der Wissenschaft 487
– Wer bin Ich und wer bist Du? 352
Gadda: An einen brüderlichen Freund 1061
– Die Liebe zur Mechanik 1096
García Lorca: Bluthochzeit/Yerma 454
– Gedichte 544
Gelléri: Budapest 237
Generation von 27: Gedichte 796
Gide: Chopin 958
– Die Rückkehr des verlorenen Sohnes 591
Ginzburg: Die Stimmen des Abends 782
Giono: Der Deserteur 1092
Goytisolo: Landschaften nach der Schlacht 1122
– Rückforderung des Conde don Julián 1187
Gracq: Die engen Wasser 904
Graves: Das kühle Netz 1032
Handke: Die Stunde da wir nichts voneinander wußten 1173
– Die Stunde der wahren Empfindung 773
– Die Wiederholung 1001
– Gedicht an die Dauer 930
– Wunschloses Unglück 834
Hašek: Die Partei 283
Hauptmann: Das Meerwunder 1025
Hemingway, Der alte Mann und das Meer 214
Herbert: Der Tulpen bitterer Duft 1180
– Ein Barbar in einem Garten 536
– Inschrift 384
– Herr Cogito 416
– Stilleben mit Kandare 1228
Hermlin: Der Leutnant Yorck von Wartenburg 381

Hesse: Demian 95
– Eigensinn 353
– Glück 344
– Iris 369
– Josef Knechts Lebensläufe 541
– Klingsors letzter Sommer 608
– Knulp 75
– Krisis 747
– Legenden 472
– Magie des Buches 542
– Mein Glaube 300
– Morgenlandfahrt 1
– Musik 1142
– Narziß und Goldmund 65
– Siddhartha 227
– Sinclairs Notizbuch 839
– Steppenwolf 869
– Stufen 342
– Unterm Rad 981
– Wanderung 444
– /Mann: Briefwechsel 441
Hessel: Heimliches Berlin 758
– Der Kramladen des Glücks 822
Hildesheimer: Biosphärenklänge 533
– Exerzitien mit Papst Johannes 647
– Lieblose Legenden 84
– Mitteilungen an Max 1100
– Mozart 1136
– Paradies der falschen Vögel 1114
– Tynset 365
– Vergebliche Aufzeichnungen 516
Hofmannsthal: Buch der Freunde 626
– Welttheater 565
– Gedichte und kleine Dramen 174
Hohl: Bergfahrt 624
– Daß fast alles anders ist 849
– Nächtlicher Weg 292
Horváth: Glaube Liebe Hoffnung 361
– Italienische Nacht 410
– Jugend ohne Gott 947
– Kasimir und Karoline 316
– Geschichten aus dem Wiener Wald 247
Hrabal: Die Katze Autitschko 1097
– Leben ohne Smoking 1124
– Lesebuch 726
– Ich habe den englischen König bedient 1139
– Reise nach Sondervorschrift 1157
– Sanfte Barbaren 916
– Schneeglöckchenfeste 715
– Tanzstunden für Erwachsene 548
Huch: Der letzte Sommer 545
Huchel: Gedichte 1018
– Die neunte Stunde 891
Ibargüengoitia: Augustblitze 1104
– Die toten Frauen 1059
Inoue: Das Jagdgewehr 137
– Der Stierkampf 273
– Die Berg-Azaleen 666
Jabès: Es nimmt seinen Lauf 766
Johnson: Skizze eines Verunglückten 785
– Mutmassungen über Jakob 723
Jonas: Das Prinzip Verantwortung 1005
– Gedanken über Gott 1160
Joyce: Anna Livia Plurabelle 253
– Briefe an Nora 280
– Dubliner 418
– Porträt des Künstlers 350
– Stephen der Held 338
– Die Toten/The Dead 512
– Verbannte 217
Kästner, Erhart: Aufstand der Dinge 476
– Zeltbuch von Tumilat 382
Kästner, Erich: Gedichte 677
Kafka: Der Heizer 464
– Die Verwandlung 351
– Er 97
Kasack: Die Stadt hinter dem Strom 296
Kaschnitz: Das Haus der Kindheit 1229
– Beschreibung eines Dorfes 645
– Elissa 852
– Gedichte 436
Kassner: Zahl und Gesicht 564
Kavafis: Um zu bleiben 1020
Kawabata: Die schlafenden Schönen 1165
Kim: Der Lotos 922
Kipling: Das Dschungelbuch 854
– Das neue Dschungelbuch 1220
– Die beste Geschichte der Welt 1183
Koch: Altes Kloster 1106
Koeppen: Das Treibhaus 659
– Der Tod in Rom 914
– Eine unglückliche Liebe 1085
– Ich bin gern in Venedig warum 1208
– Jugend 500
– Tauben im Gras 393
Kolmar: Gedichte 815
– Susanna 1199

Kracauer: Über die Freundschaft 302
Kraus: Die letzten Tage der Menschheit 1091
– Nachts 1118
– Pro domo et mundo 1062
– Sprüche und Widersprüche 141
Krolow: Alltägliche Gedichte 219
– Fremde Körper 52
– Gedichte 672
– Meine Gedichte 1037
Krüger: Das zerbrochene Haus 1066
Kyrklund: Vom Guten 1076
Lagercrantz: DieKunst des Lesens 980
Langgässer: Das Labyrinth 1176
Lasker-Schüler: Arthur Aronymus 1002
– Der Prinz von Theben 1226
– Mein Herz 520
Lavant: Gedichte 970
Lawrence: Auferstehungsgeschichte 589
– Der Mann, der Inseln liebte 1044
Leiris: Lichte Nächte 716
– Mannesalter 427
Lem: Robotermärchen 366
Lenz: Dame und Scharfrichter 499
Lévi-Strauss: Mythos und Bedeutung 1197
Lispector: Aqua viva 1162
– Die Nachahmung der Rose 781
– Nahe dem wilden Herzen 847
Maass: Die unwiederbringliche Zeit 866
Majakowskij: Ich 354
Malerba: Geschichten vom Ufer des Tibers 683
Mandelstam: Die Reise nach Armenien 801
– Die ägyptische Briefmarke 94
Mann, T.: Schriften zur Politik 243
– /Hesse: Briefwechsel 441
Mansfield: Glück 1146
– Meistererzählungen 811
Marcuse: Triebstruktur und Gesellschaft 158
Mayer, H.: Ansichten von Deutschland 984
– Ein Denkmal für Johannes Brahms 812
– Frisch und Dürrenmatt 1098
– Reden über Deutschland 1216
– Versuche über Schiller 945
Mayröcker: Das Herzzerreißende der Dinge 1048
– Das Licht in der Landschaft 1164
Mendoza: Das Geheimnis der verhexten Krypta 1113
Michaux: Ein gewisser Plume 902
Miller: Das Lächeln am Fuße der Leiter 198
Milosz: Gedichte 1090
Mishima: Nach dem Bankett 488
Mitscherlich: Idee des Friedens 233
Modiano: Eine Jugend 995
Montherlant: Die Junggesellen 805
– Moustique 1060
Morselli: Dissipatio humani generis 1117
Mulisch: Das steinerne Brautbett 1192
Muschg: Briefe 920
– Leib und Leben 880
– Liebesgeschichten 727
– Noch ein Wunsch 1127
Musil: Vereinigungen 1034
Nabokov: Lushins Verteidigung 627
Neruda: Gedichte 99
– Die Raserei und die Qual 908
Nimier: Die Giraffe 1102
Nizan: Das Leben des Antoine B. 402
Nizon: Canto 1116
– Das Jahr der Liebe 845
– Stolz 617
Nooteboom: Das Gesicht des Auges/ Het gezicht van het oog 1223
– Die folgende Geschichte 1141
– Der Buddha hinter dem Bretterzaun 1189
– Ein Lied von Schein und Sein 1024
Nossack: Das Testament des Lucius Eurinus 739
– Der Untergang 523
– Spätestens im November 331
– Unmögliche Beweisaufnahme 49
O'Brien: Aus Dalkeys Archiven 623
– Der dritte Polizist 446
O'Kelly: Das Grab des Webers 177
Ocampo: Die Furie 1051
Oe: Der Fang 1178
– Der Tag, an dem Er selbst mir die Tränen abgewischt 396
Ōgaī Mori: Die Wildgans 862
– Die Tänzerin 1159
Olescha: Neid 127

Ollier: Bildstörung 1069
Onetti: Abschiede 1175
– Der Tod und das Mädchen 1119
– Grab einer Namenlosen 976
– Leichensammler 938
– Der Schacht 1007
Oz: Herr Levi 1206
Palinurus: Das Grab ohne Frieden 11
Pasternak: Die Geschichte einer Kontra-Oktave 456
– Initialen der Leidenschaft 299
Paulhan: Der beflissene Soldat 1182
Paustowskij: Erzählungen vom Leben 563
Pavese: Die einsamen Frauen 1227
– Junger Mond 111
Paz: Adler oder Sonne? 1082
– Das Labyrinth der Einsamkeit 404
– Der sprachgelehrte Affe 530
– Gedichte 551
Penzoldt: Der arme Chatterton 1064
– Der dankbare Patient 25
– Prosa einer Liebenden 78
– Squirrel 46
Percy: Der Kinogeher 903
Perec: W oder die Kindheitserinnerung 780
Pérez Galdós: Miau 814
– Tristana 1013
Pilnjak, Das nackte Jahr 746
Piñera: Kleine Manöver 1035
Pinget: Passacaglia 1084
Plath: Ariel 380
– Glasglocke 208
Plenzdorf: Die neuen Leiden des jungen W. 1028
Ponge: Das Notizbuch vom Kiefernwald / La Mounine 774
– Die Seife 1134
– Texte zur Kunst 1030
Proust: Eine Liebe von Swann 1185
– Tage des Lesens 1166
Puig: Der Kuß der Spinnenfrau 1108
Queiroz: Das Jahr 15 595
Queneau: Ein strenger Winter 1110
– Mein Freund Pierrot 895
– Stilübungen 1053
– Zazie in der Metro 431
Radiguet: Der Ball 13
– Den Teufel im Leib 147
Ramos: Angst 570
Remisow: Die Geräusche der Stadt 1204
– Gang auf Simsen 1080
Reve: Der vierte Mann 1132
Rilke: Ausgewählte Gedichte 184
– Briefe an einen jungen Dichter 1022
– Bücher Theater Kunst 1068
– Das Testament 414
– Die Sonette an Orpheus 634
– Duineser Elegien 468
– Malte Laurids Brigge 343
Ritsos: Gedichte 1077
Ritter: Subjektivität 379
Robbe-Grillet: Die blaue Villa in Hongkong 1169
– Die Radiergummis 1033
Roditi: Dialoge über Kunst 357
Rodoreda: Aloma 1056
– Auf der Plaça del Diamant 1133
– Der Fluß und das Boot 919
Rose aus Asche 734
Rosenzweig: Der Stern der Erlösung 973
Sachs: Gedichte 549
Salinas: Gedichte 1049
Savinio: Kindheit des Nivasio Dolcemare 1168
– Maupassant 944
Schickele: Die Flaschenpost 528
Scholem: Alchemie und Kabbala 1148
– Judaica 1 106
– Judaica 2 263
– Judaica 3 333
– Judaica 4 831
– Judaica 5 1111
– Von Berlin nach Jerusalem 555
– Walter Benjamin 467
Scholem-Alejchem: Eine Hochzeit ohne Musikanten 988
– Schir-ha-Schirim 892
– Tewje, der Milchmann 210
Schröder: Der Wanderer 3
Seelig: Wanderungen mit Robert Walser 554
Seferis: Alles voller Götter 1065
– Sechs Nächte auf der Akropolis 1147
– Poesie 962
Sender: Der König und die Königin 305
– Requiem für einen spanischen Landmann 133

Shaw: Die Abenteuer des schwarzen Mädchens 1029
– Die heilige Johanna 295
– Die wundersame Rache 1225
– Frau Warrens Beruf 918
– Handbuch des Revolutionärs 309
– Helden 42
– Wagner-Brevier 337
Simon, Claude: Das Seil 134
Šklovskij: Zoo oder Briefe nicht über die Liebe 693
Sokolow: Die Schule der Dummen 1123
Solschenizyn: Matrjonas Hof 324
Stein: Erzählen 278
– Ida 695
– Jedermanns Autobiographie 907
– Kriege die ich gesehen habe 598
– Paris Frankreich 452
– Q.E.D. 1055
– Zarte Knöpfe/Tender Buttons 1215
– /Anderson: Briefwechsel 874
Steinbeck: Die Perle 825
Steiner: Schnee bis in die Niederungen 1070
Sternberger: ›Ich wünschte ein Bürger zu sein‹ 1170
– Figuren der Fabel 1054
Strindberg: Der romantische Küster auf Rånö 943
– Fräulein Julie 513
– Schwarze Fahnen 896
Suhrkamp: Briefe an die Autoren 100
– Der Leser 55
– Munderloh 37
Sutzkever: Grünes Aquarium/Griner Akwarium 1210
Szymborska: Deshalb leben wir 697
Trakl: Gedichte 420
Ullmann: Erzählungen 651
Ungaretti: Gedichte 70
Valéry: Eupalinos 370
– Gedichte 992
– Monsieur Teste 1191
– Tanz, Zeichnung und Degas 6
– Über Mallarmé 1101
– Windstriche 1172
– Zur Theorie der Dichtkunst 474
Vallejo: Gedichte 110
Vargas Llosa: Lob d. Stiefmutter 1086
Verga: Die Malavoglia 761
Waginow: Auf der Suche nach dem Gesang der Nachtigall 1094
Walser, M.: Ehen in Philippsburg 527
– Ein fliehendes Pferd 819
– Gesammelte Geschichten 900
– Meßmers Gedanken 946
– Ohne einander 1181
– Selbstbewußtsein und Ironie 1222
Walser, R.: Der Gehülfe 490
– Der Spaziergang 593
– Geschwister Tanner 450
– Jakob von Gunten 515
– Poetenleben 986
Weiss, P.: Abschied v. d. Eltern 700
– Das Gespräch der drei Gehenden 1219
– Der Schatten des Körpers 585
– Die Verfolgung und Ermordung Jean Paul Marats 1167
– Fluchtpunkt 797
Weöres: Der von Ungern 1063
Wilde: Bildnis des Dorian Gray 314
Williams: Die Worte, die Worte 76
Wittgenstein: Über Gewißheit 250
Wittlin, Mein Lemberg 1156
Woolf: Die Wellen 128
Yacine: Nedschma 116
Yeats: Die geheime Rose 433
Zweig: Monotonisierung der Welt 493
Zwetajewa: Auf eigenen Wegen 953
– Ein gefangener Geist 1009
– Mutter und die Musik 941
– Phoenix 1057